HTML 5 e CSS3
Desenvolva hoje com o padrão de amanhã

Tradução
Kleber Rodrigo de Carvalho

Do original:
HTML5 and CSS3 - Develop with Tomorrow's Standards Today
Copyright© 2012 Editora Ciência Moderna

Original edition copyright© 2012 by Pragmatic Programmers, LLC.

Portuguese language edition copyright© 2012 by Editora Ciência Moderna Ltda. All rights reserved.

Nenhuma parte deste livro poderá ser reproduzida, transmitida e gravada, por qualquer meio eletrônico, mecânico, por fotocópia e outros, sem a prévia autorização, por escrito, da Editora.

Editor: Paulo André P. Marques
Produtora Editorial: Aline Vieira Marques
Diagramação: Daniel Jara
Tradução: Kleber Rodrigo de Carvalho
Capa: Daniel Jara (Baseada no original)
Assistente Editorial: Laura Santos Souza

Várias **Marcas Registradas** aparecem no decorrer deste livro. Mais do que simplesmente listar esses nomes e informar quem possui seus direitos de exploração, ou ainda imprimir os logotipos das mesmas, o editor declara estar utilizando tais nomes apenas para fins editoriais, em benefício exclusivo do dono da Marca Registrada, sem intenção de infringir as regras de sua utilização. Qualquer semelhança em nomes próprios e acontecimentos será mera coincidência.

FICHA CATALOGRÁFICA

HOGAN, Brian P.

HTML 5 e CSS3 - Desenvolva hoje com o padrão de amanhã

Rio de Janeiro: Editora Ciência Moderna Ltda., 2012.

1. Informática; 2. Linguagem de programação.
I — Título

ISBN: **978-85-399-0260-6**   CDD 001.642
                                     005.133

Editora Ciência Moderna Ltda.
R. Alice Figueiredo, 46 – Riachuelo
Rio de Janeiro, RJ – Brasil   CEP: 20.950-150
Tel: (21) 2201-6662/ Fax: (21) 2201-6896
E-MAIL: LCM@LCM.COM.BR
WWW.LCM.COM.BR

05/12

Agradecimentos

Comecei a escrever este livro antes mesmo de terminar o anterior e, apesar de acharem que era loucura não descansar um pouco, a maioria de meus amigos, minha família e o editor me deram total apoio. Este livro é um resultado de tantas pessoas maravilhosas e sempre prontas a ajudar.

Jamais serei suficientemente grato a Dave Thomas e a Andy Hunt por me darem a oportunidade de trabalhar com eles uma segunda vez. A realimentação que deles recebi durante todo o processo ajudou a dar forma ao livro, e me sinto honrado em ser um dos autores da editora Pragmatic Bookshelf.

Daniel Steinberg me ajudou a iniciar este livro, a terminá-lo e a manter-me, desde o princípio, no caminho certo; sou grato por todo o apoio que me deu e pelo que me ensinou sobre como escrever de forma clara. Sempre que escrevo, ainda escuto sua voz me guiando na direção certa.

Daniel não pôde continuar trabalhando comigo neste livro, mas deixou-me em muito boas mãos. Susannah Pfalzer foi de grande ajuda em todo o processo, mantendo-me na rota, estimulando-me a fazer o melhor e sempre perguntando a coisa certa no momento certo. Sem Susannah, este livro não seria tão bom.

Nas duas etapas, meus revisores técnicos foram de grande ajuda na formatação de boa parte do conteúdo e de sua apresentação. Agradeço a Aaron Godin, Ali Raza, Charles Leffingwell, Daniel Steinberg, David Kulberg, Don Henton, Doug Rhoten, Edi Schlechtinger, Jon Mischo, Jon Oebser, Kevin Gisi, Marc Harter, Mark Nichols, Noel Rappin, Paul Neibarger, Sam Elliott, Sean Canton, Srdjan Pejic, Stephen Wolff, Todd Dahl e Erik Watson.

Agradecimentos especiais à gentil equipe de ZenCoder pela ajuda com a codificação de vídeo para os arquivos de amostra e por facilitar o trabalho de produtores de conteúdo no preparo de vídeo para HTML5.

Agradeço meus colegas de trabalho Chris Johnson, Chris Warren, Mike Weber, Jon Kinney, Adam Ludwig, Gary Crabtree, Carl Hoover, Josh

Anderson, Austen Ott e Nick Lamuro pelo apoio neste e em muitos outros projetos. Um agradecimento especial a Erich Tesky pelos testes de realidade e por ser um grande amigo quando as coisas se tornaram frustrantes.

Também quero agradecer meu pai por sempre esperar que eu faça meu melhor e por estimular-me a não desistir quando as coisas pareciam impossíveis. Isto tornou tudo mais possível.

Por fim, *à* minha maravilhosa esposa, Carissa, e *às* minhas filhas, Ana e Lisa, gratidão e amor eternos. Elas abriram mão de numerosos fins de semana e tardes para que eu pudesse seguir no escritório, escrevendo. Sempre que eu empacava, a constante certeza de Carissa de que eu "acharia a saída" sempre parecia tornar as coisas mais fáceis. Tenho uma sorte imensa em tê-las por perto.

Prefácio

Três meses na *web* são como um ano na vida real.

Desenvolvedores de *web*, em geral, pensam assim, pois ficam sabendo de novidades a toda hora. Há um ano, HTML5 e CSS3 pareciam muito distantes; no entanto, companhias já utilizam estas tecnologias hoje, pois navegadores (*browsers*) – como Google Chrome, Safari, Firefox e Opera – começam a implementar partes do padrão.

HTML5 e CSS3 ajudam a estabelecer a fundação para a próxima geração de aplicações de *web*. Estas tecnologias permitem que, por meio de desenvolvimento mais simples, construamos *sites* mais amigáveis e de manutenção mais fácil. HTML5 tem novos elementos para a definição da estrutura do *site* e a inclusão de conteúdo, o que significa que não precisamos recorrer a marcação (*markup*) ou *plug-ins* adicionais. CSS3 prové seletores avançados, aprimoramentos gráficos e melhor suporte a fontes, permitindo que nossos *sites* tenham maior apelo visual sem o uso de técnicas de substituição de imagem de fontes, JavaScript complicado ou ferramentas gráficas. Melhor suporte de acessibilidade implica melhoria em aplicativos Ajax para pessoas com deficiências; suporte *offline* permite que iniciemos a construção de aplicativos que não exijam uma conexão de internet.

Este livro mostrará como HTML5 e CSS3 podem ser usados, mesmo que seus usuários ainda não disponham de navegadores que suportem todas estas facilidades. Antes de iniciarmos, falemos um pouco mais sobre HTML5 e termos associados.

HTML5: Plataforma *versus* Padrão

HTML5 *é* um padrão que descreve alguns novos *tags* e marcações (*markup*), assim como algumas maravilhosas APIs de JavaScript, mas está ficando escondido atrás de muita propaganda e promessas. Lamentavelmente, o padrão HTML5 evoluiu para a plataforma HTML5, dando origem a muita confusão entre desenvolvedores, consumidores e até mesmo autores. Em alguns livros, partes do padrão CSS3, como sombras, gradientes e transformações, são chamadas de "HTML". Fabricantes de navegadores desafiam uns aos outros quanto *à* quantidade de "HTML5" que suportam. As pessoas estão fazendo solicitações estranhas, como "Meu *site* será em HTML5, não será?"

Na maior parte do livro, focaremos os padrões HTML e CSS3 e como usar as técnicas por eles descritas. Na **última** parte do livro, examinaremos um grupo de padrões relacionados que, um dia, fizeram parte de HTML5 e que, atualmente, são usados em múltiplas plataformas. Neste grupo estão incluídos Web SQL Databases, Geolocation e Web Sockets. Embora, tecnicamente, não sejam HTML5, quando combinadas com HTML5 e CSS3, estas coisas podem nos ajudar a construir produtos fantásticos.

Como Isto Funciona

Cada capítulo deste livro foca um grupo específico de problemas que podem ser resolvidos com HTML5 e CSS3. Cada um apresenta uma visão geral e uma tabela que resume *tags*, propriedades e conceitos, sendo o conteúdo principal de cada capítulo divididos em "tópicos" que apresentam um conceito específico e guiam o leitor na construção de um exemplo simples com base no conceito em consideração. Os capítulos do livro são agrupados por tópicos, pois em vez de agrupar as coisas em uma parte HTML5 e em uma parte CSS3, faz mais sentido agrupá-las com base nos problemas que solucionam.

Cada **tópico** contém uma seção chamada "Compatibilização", que apresenta métodos alternativos que podem ser usados quando o navegador do usuário não oferece suporte a HTML5 e CSS3. Empregaremos diferentes técnicas para fazer tais alternativas funcionarem, desde bibliotecas de terceiros a nossos próprios *plug-ins* de jQuery. Estes **tópicos** podem ser lidos em qualquer ordem.

Por fim, cada capítulo se encerra com uma seção chamada "Futuro", onde discutimos como o conceito em consideração pode ser aplicado *à* medida que passe a ser mais largamente adotado.

Este livro foca o que pode ser usado hoje. Há propriedades adicionais de HTML5 e CSS3 que ainda não encontram amplo uso, discutidas no Capítulo 11, "Caminho Futuro".

O Que Há Neste Livro

Iniciamos com uma breve visão geral de HTML5 e CSS3 e examinamos alguns dos novos *tags* estruturais que podem ser usados para descrever o conteúdo de uma página. A seguir, discutimos e exploramos alguns campos e propriedades de formulários, como autofoco (*autofocus*) e alocadores de lugar (*placeholders*). Depois, exploramos novos seletores CSS3, de modo que possamos aplicar estilos a elementos sem o acréscimo de marcação adicional ao conteúdo.

Em seguida, exploramos o suporte de HTML a *áudio* e vídeo e exploramos o uso de *canvas* para o desenho de formas. Exploramos, ainda, o uso de sombras, gradientes e transformações de CSS3, além do uso de fontes.

Na **última** seção, usamos facilidades no lado cliente, como Web Storage, Web SQL Databases e suporte *offline* para construir aplicações. Usamos Web Sockets para falar com um serviço simples de bate-papo (*chat*) e vemos como HTML5 permite que enviemos mensagens e dados através de domínios. Exploramos, ainda, a API Geolocation e mostramos como manipular a história do navegador. Encerramos com uma análise de itens que não são imediatamente **úteis**, mas que se tornarão importantes no futuro próximo.

No Apêndice A, apresentamos uma listagem das facilidades discutidas no livro, fazendo referência ao capítulo onde cada uma *é* discutida. Como fazemos uso intenso de jQuery neste livro, o Apêndice B apresenta uma breve introdução ao assunto. Há, ainda, um breve apêndice que explica como codificar arquivos de *áudio* e de vídeo para uso com HTML5.

Pré-Requisitos

Este livro *é* voltado principalmente a desenvolvedores de *web* que tenham bom entendimento de HTML e CSS. O leitor iniciante tirará proveito deste livro, mas recomendamos que consultem *Designing with Web Standards* [Zel09][1] e *Web Design for Developers* [Hog09][2]. Assumimos que o leitor tenha

---

[1] Publicado no Brasil como "Criando Design com Padrões Web", Alta Books, 2010. (N.T.)
[2] Publicado no Brasil como "Web Design para Desenvolvedores", Ciência Moderna, 2011. (N.T.)

VIII ‹ HTML5 e CSS3 ›

um conhecimento básico de JavaScript e jQuery,[3] que usaremos para implementar várias das soluções de compatibilização. O Apêndice B apresenta uma breve introdução a jQuery e discute os métodos básicos que empregaremos.

Para testar os códigos apresentados neste livro, *é* necessário o uso de Firefox 3.6, Google Chrome 5, Opera 10.6 ou Safari 5. O teste de tudo o que construímos no livro provavelmente exige o uso de todos estes navegadores, pois cada um faz as coisas de modo ligeiramente diferente.

É necessário testar os exemplos com Internet Explorer para assegurar que as soluções de compatibilização apresentadas, de fato, funcionem. Para testar os exemplos com diferentes versões de Internet Explorer, o leitor pode baixar IETester for Windows, que suporta as versões IE 6, 7, e 8 em uma *única* aplicação. Caso o leitor não rode Windows, recomendamos o uso de uma máquina virtual, como VirtualBox ou VMware, ou o uso de um serviço como CrossBrowserTesting[4] ou MogoTest[5].

Recursos *Online*

O *site* do livro[6] tem um *link* para um fórum de discussão iterativo, assim como uma errata para o livro. Lá, o leitor também encontra os códigos-fonte para os exemplos do livro. Adicionalmente, leitores do *eBook* podem clicar na caixa cinza acima dos excertos de código para baixar a correspondente porção de código (*snippet*).

Caso o leitor encontre algum erro, solicitamos que, por favor, crie uma entrada na página Errata, para que possamos corrigi-lo. A cópia eletrônica do livro apresenta um *link* no rodapé de cada página que pode ser usado para a submissão de uma errata.

Por fim, sugerimos que o leitor visite o *blog* do livro[7], Beyond HTML5 and CSS3 [Além de HTML5 e CSS3]. Lá, postaremos material relacionado, atualizações e exemplos funcionais deste livro.

Pronto para começar? ***Ótimo!*** Iniciemos a exploração de HTML5 e CSS3.

---

3 http://www.jquery.com
4 http://crossbrowsertesting.com/
5 http://www.mogotest.com/
6 http://www.pragprog.com/titles/bhh5/
7 http://www.beyondhtml5andcss3.com/

Sumário

Capítulo 01 - Visão Geral de HTML5 e CSS3 1
1.1 Uma Plataforma para Desenvolvimento de Aplicativos de Web 1
Marcação Mais Descritiva...1
Multimídia com Menor Dependência de *Plug-ins*.........................1
Melhores Aplicações 2
Troca de Mensagens Através de Documentos 2
Web Sockets 2
Armazenagem no Lado Cliente 2
Melhores Interfaces 3
Melhores Formulários 3
Melhor Acessibilidade 3
Seletores Avançados..4
Efeitos Visuais 4
1.2 Compatibilidade 4
1.3 A Estrada para o Futuro *é* Acidentada 5
Internet Explorer..7
Acessibilidade 7
Tags Obsoletos...7
Competição de Interesses Corporativos 10
HTML5 e CSS3 ainda são trabalhos em andamento....................10

Parte I - Melhorando as Interfaces de Usuário 13

Capítulo 02 - Novos *Tags* e Atributos Estruturais 15
1 Redefinição de um *Blog* Usando Marcação Semântica 17
Tudo Começa com *Doctype* Certo 18
Cabeçalhos 20
Rodapés 21
Navegação 21
Seções e Artigos...23

      Artigos 23
      Apartes e Barras Laterais 25
      Apartes não são Barras Laterais de Páginas! 26
      Aplicação de Estilo 27
      Medidores e Barras de Progresso 29
      Compatibilização 31
2 Criação de Janelas *Pop-up* com Atributos Data Personalizados......32
      Como separar comportamento e conteúdo ou por que onclick é ruim ...33
      Melhoria de Acessibilidade 33
      Abolição de onclick 34
      Atributos Data Personalizados são a Salvação! 35
      Compatibilização 36
      Futuro 36

Capítulo 03 - Criação de Formulários de *Web* Amigáveis ..39
3 Descrição de Dados com Novos Campos de Entrada 41
      Aprimoramento do Formulário de Projeto de EspetaculoSA........ 41
      Estabelecimento do Formulário Básico..42
      Criação de um Controle Deslizante Usando Range 43
      Manipulação de Números com Spinboxes....................................43
      Datas...44
       E-mail 45
      URL 45
      Cor 46
      Compatibilização 47
      Substituição do Seletor de Cores 47
      Modernizr 48
4 Direto ao Primeiro Campo com Autofocus 49
      Compatibilização 50
5 Provimento de Sugestões com Texto em Alocador de Lugar 51
      Simples Formulário de Abertura de Conta 51
      Como Evitar Preenchimento Automático...53
      Compatibilização 54
      Plug-ins jQuery 57
6 Edição Local com contenteditable..59
      Formulário de Perfil 60
      Persistência de Dados 62

Compatibilização 63
Criação de uma Página de Edição 63
Futuro 66

Capítulo 04 - Criação de Melhores Interfaces de Usuário com CSS3 69
7 Aplicação de Estilo a Tabelas com Pseudoclasses 70
Aprimoramento de Faturas 71
Alinhamento de Texto de Coluna com :nth-child 75
Aplicação de Negrito à Última Linha com :last-child 76
Contagem Regressiva com :nth-last-child 78
Compatibilização 79
Alterar o Código HTML 79
Usar JavaScript 80
8 Implementação de *Links* Imprimíveis com :after e content........... 81
CSS 82
9 Criação de *Layouts* de Múltiplas Colunas 85
Divisão em Colunas 85
Compatibilização 89
10 Construção de Interfaces Móveis com Consultas a Mídias 92
Compatibilização 93
Futuro 94

Capítulo 05 - Aprimoramento de Acessibilidade 95
11 Provimento de Sugestões de Navegação com *Roles* ARIA 96
Landmark Roles 97
Papéis Estruturais de Documentos 99
Papel (Role) Uso 99
Compatibilização 101
12 Criação de Região Atualizável Acessível 101
Criação da Página 102
Atualização Polite e Assertive 105
Atualização Atomic 105
Ocultação de Regiões 105
Compatibilização 107
Futuro 108

Parte II – Novas Visões e Sons 109

Capítulo 06 – Uso de Canvas 111
13 Criação de um Logotipo 112
Desenho do Logotipo 114
Adição de Texto 115
Desenho de Retas 116
Deslocamento da Origem 117
Adição de Cores 118
Compatibilização 119
14 Criação de Gráficos Estatísticos com RGraph 119
Descrição de Dados com HTML 121
Transformação de HTML em um Gráfico de Barras 123
Exibição de Conteúdo Alternativo 124
Compatibilização 125
Futuro 128

Capítulo 07 – Inclusão de Áudio e Vídeo 129
7.1 Um Pouco de História 129
7.2 Contêineres e Codecs 131
Codecs de Vídeo 131
Codecs e Navegadores que os Suportam 132
Theora 133
VP8 133
Codecs de Áudio 133
Codecs e Suporte por Navegadores 133
Advanced Audio Coding (AAC - Codificação Avançada de Áudio) 134
Vorbis (OGG) 134
MP3 134
Contêineres e Codecs, Trabalhando Juntos 134
15 Uso de Áudio 135
Construção da Lista Básica 136
Compatibilização 138
16 Inclusão de Vídeo 140
Compatibilização 141
API JavaScript para Conteúdo de Mídia 144
Limitações de Vídeo de HTML5 145
Áudio, Vídeo e Acessibilidade 146

Futuro 147

Capítulo 08 – Apelo Visual 149
17 Suavização de Bordas Agudas 150
Suavização de Um Formulário de *Login* 150
Seletores Específicos de Navegadores 152
Compatibilização 153
Suporte à Detecção de Cantos Arredondados 153
jQuery Corners 154
Plug-in formCorners 155
Invocação do Arredondamento 156
Pequena Dificuldade 157
18 Uso de Sombras, Gradientes e Transformações 158
Estrutura Básica 158
Adição de Gradiente 160
Adição de uma Sombra ao Crachá 161
Sombras em Texto 162
Aplicação de Rotação ao Crachá 163
Fundos Transparentes 164
Compatibilização 165
Rotação 166
Gradientes 167
Transparência 167
Tudo Junto 168
19 Uso de Fontes Reais 170
@font-face 171
Fontes e Direitos 171
Formatos de Fontes 172
Formatos e Suporte de Navegadores 172
Como Mudar Fontes 173
Compatibilização 175
Futuro 176

Parte III – Além do HTML5 177

Capítulo 09 – Uso de Dados no Lado Cliente 179
20 Guarda de Preferência com localStorage 181

Construção do Formulário de Preferências 182
Como Salvar e Carregar as Especificações 183
Aplicação das Especificações 184
Compatibilização 185
Armazenagem no Lado Servidor 185
Cookies e JavaScript 186
SessionStorage 187

21 Armazenagem de Informação em Bases de Dados Relacionais no Lado Cliente 188
CRUD no Navegador do Usuário 189
Interface de Notas 190
Conexão com a Base de Dados 193
Criação de uma Tabela de Notas 193
Carrregamento de Notas 194
Recuperação de um Registro Específico 195
Inserção, Atualização e Remoção de Registros 197
Finalização 200
Compatibilização 201

22 Trabalho *Offline* 202
Definição de Cache com Manifest 203
Manifest e Caching 204
Futuro 205

Capítulo 10 - Uso Proveitoso de Outras APIs 207

23 Preservação da História 208
Armazenagem do Estado Atual 208
Recuperação do Estado Anterior 209
Defaulting 210
Compatibilização 211

24 Mensagens Entre Domínios 211
Lista de Contatos 212
Postagem de Mensagem 214
Site de Suporte 215
Recepção de Mensagens 217
Compatibilização 218

25 Bate-Papo com Web Sockets 219
Interface de Bate-Papo 220
Conexão com o Servidor 222

Compatibilização 224
O Que é Política de Soquetes de Flash? 226
Servidores 227
26 Determinação de Localização: Geolocation **228**
Localização de EspetaculoSA 228
Como Ser Encontrado 229
Compatibilização 231
Futuro 232

Capítulo 11 - Caminho Futuro 233
11.1 Transições de CSS3 234
Funções Temporais 235
11.2 Web Workers 237
11.3 Suporte Nativo a Arrastar-e-Largar 238
Eventos Arrastar-e-Largar 240
Largada de Elementos 242
Alteração de Estilos 243
Arrasto de Arquivos 244
Nem Tudo Está Bem 244
11.4 WebGL 245
11.5 API de Base de Dados Indexada 245
11.6 Validação de Formulário no Lado Cliente 246

Apêndice A - Guia Conciso de Recursos 249
A.1 Novos Elementos 249
A.2 Atributos 250
A.3 Formulários 250
A.4 Atributos de Campos de Formulário 251
A.5 Acessibilidade 252
A.6 Multimídia 252
A.7 CSS3 253
A.8 Armazenagem no Lado Cliente 256
A.9 APIs Adicionais 256

Apêndice B - Introdução a jQuery 259
B.1 Como Carregar jQuery 259
B.2 Fundamentos de jQuery 260

B.3 Métodos para Modificação de Conteúdo 260
Ocultar e Exibir 261
html, val e attr 261
append, prepend e wrap 261
CSS e Classes 262
Concatenação 263
B.4 Criação de Elementos 264
B.5 Eventos 264
Método bind( ) 265
Evento Original 265
B.6 Função document.ready 266

Apêndice C - Codificação de Áudio e Vídeo 269
C.1 Codificação de Áudio 269
C.2 Codificação de Vídeo para a *Web* 270

Apêndice D - Recursos 271
D.1 Recursos na *Web* 271

Bibliografia 273

Índice 275

Visão Geral de HTML5 e CSS3

HTML5[1] e CSS3[2] são mais do que apenas dois novos padrões propostos pelo World Wide Web Consortium (W3C) e seus grupos de trabalho. HTML5 e CSS3 são a próxima iteração de tecnologias que usamos cotidianamente e surgiram para nos ajudar a construir melhores aplicações de web. Antes de mergulharmos nos profundos detalhes de HTML5 e CSS3, falemos um pouco sobre alguns dos benefícios que estas tecnologias proporcionam, assim como alguns dos desafios que enfrentaremos.

1.1 Uma Plataforma para Desenvolvimento de Aplicativos de Web

Uma grande parte das novas facilidades de HTML está centrada na criação de uma plataforma melhor para aplicações com base na *web*. De *tags* mais descritivos e comunicação entre *sites* e entre janelas a animações e suporte de multimídia aprimorado, desenvolvedores que usam HTML5 dispõem de numerosas ferramentas novas para produzirem uma melhor experiência para o usuário.

Marcação Mais Descritiva

Cada versão de HTML introduz novas marcações (*markup*), mas nunca antes houve tantas adições diretamente relacionadas à descrição de conteúdo. No Capítulo 2, "Novos Tags e Atributos Estruturais", trataremos de novos elementos para cabeçalhos, rodapés, seções de navegação, barras laterais e artigos. Trataremos, também, de medidores, barras de progresso e como personalizar atributos data que ajudam na marcação de dados.

Multimídia com Menor Dependência de *Plug-ins*

Não *é* mais necessário o uso de Flash ou Silverlight para vídeo, áudio e gráficos vetoriais. Embora sejam de uso relativamente simples, tocadores de

---

1 O padrão HTML5 encontra-se em http://www.w3.org/TR/html5/

2 CSS3 é dividido em múltiplos módulos, cujo progresso pode ser acompanhado em http://www.w3.org/Style/CSS/current-work

vídeo baseados em Flash não funcionam em dispositivos móveis da Apple. Este é um mercado significativo, de modo que devemos aprender a usar alternativas para visualização de vídeo que não sejam baseadas em Flash. No Capítulo 7, "Inclusão de Áudio e Vídeo", veremos como usar áudio e vídeo de HTML5 com alternativas que funcionem.

Melhores Aplicações

Desenvolvedores tentam de tudo para tornar aplicações de *web* mais ricas e mais interativas, de controles de ActiveX a Flash. HTML5 oferece facilidades surpreendentes que, em alguns casos, eliminam completamente a necessidade de tecnologias de terceiros.

Troca de Mensagens Através de Documentos

Navegadores de *web* impedem que usemos *scripts* em um domínio para afetar ou interagir com *scripts* em outro domínio. Esta restrição resguarda o usuário final de *scripting* entre *sites*, que tem sido usado para fazer todo tipo de *ações* nefastas a visitantes incautos de *sites*.

No entanto, isto impede que todos os *scripts* funcionem, até quando escritos por nós mesmos e quando sabemos que o conteúdo é confiável. HTML5 inclui um desvio que é, ao mesmo tempo, seguro e de fácil implementação. No Capítulo 10, "Mensagens Entre Domínios", veremos como isto funciona.

Web Sockets

HTML5 oferece suporte a Web Sockets, que proveem conexão persistente com um servidor. Em vez de inquirir constantemente um terminal a respeito de atualizações de progresso, a página *web* pode engajar um soquete e o terminal pode passar notificações aos usuários da página. Exploraremos isto na seção *Bate-Papo com Web Sockets*.

Armazenagem no Lado Cliente

Tendemos a pensar em HTML5 como uma tecnologia de *web*; contudo, com a adição de APIs de Web Storage e Web SQL Database, podemos construir aplicações no navegador capazes de persistirem dados inteiramente na máquina do cliente. No Capítulo 9, "Uso de Dados no Lado Cliente", veremos como usar tais APIs.

Melhores Interfaces

A interface de usuário *é* uma parte tão importante de aplicações de *web* que nos esforçamos diariamente para que navegadores façam o que desejamos. A aplicação de estilo a uma tabela ou definição de cantos arredondados exige que usemos bibliotecas JavaScript ou adicionemos grande quantidade de marcação para aplicar os estilos. HTML5 e CSS3 tornam esta prática uma coisa do passado.

Melhores Formulários

HTML5 promete melhores controles da interface de usuário. Há muito, somos forçados a usar Java Script e CSS para construir controles deslizantes (*sliders*), seletores de datas e de cores. Todos são definidos como elementos reais em HTML5, assim como listas de seleção (*drop-downs*), caixas de seleção (*checkboxes*) e botões de opção (*radio buttons*). No Capítulo 3, *Criação de Formulários de Web Amigáveis*, mostraremos como usar estes elementos. Embora não esteja, de fato, pronta para todo navegador, esta facilidade *é* algo a que o leitor deve estar atento, especialmente se trabalhar no desenvolvimento de aplicações baseadas na *web*. Além de melhorar a usabilidade sem dependência de bibliotecas JavaScript, há outro benefício: maior acessibilidade. Leitores de tela e outros navegadores podem implementar estes controles de formas específicas, de modo que sejam úteis para pessoas deficientes.

Melhor Acessibilidade

O uso dos novos elementos de HTML5 em HTML5 para descrever o conteúdo com clareza permite que programas como leitores de tela consumam o conteúdo com mais facilidade. A navegação de um *site*, por exemplo, pode ser encontrada com maior facilidade se, em vez de buscarmos um div específico ou uma lista não ordenada, pudermos buscar o *tag* nav. Rodapés, barras laterais e outro tipo de conteúdo podem, sem qualquer dificuldade, ser reordenados ou totalmente pulados. O processamento (*parsing*) de páginas se torna, em geral, menos trabalhoso, permitindo experiências melhores às pessoas que dependem de tecnologias de assistência. Adicionalmente, novos atributos em elementos podem especificar os papéis (*roles*) de elementos, de modo que leitores de tela possam trabalhar com os mesmos com maior facilidade. No Capítulo 5, "Aprimoramento de Acessibilidade", mostraremos como utilizar os novos atributos para que possam ser usados pelos atuais leitores de tela.

Seletores Avançados

CSS3 tem seletores que nos permitem identificar linhas de ordens par e ímpar em tabelas, todas as caixas de seleção marcadas ou, até mesmo, o último parágrafo em um grupo. Podemos fazer mais com menos código e menos marcação. Isto também facilita a aplicação de estilo a HTML que não podemos editar. No Capítulo 4, "Criação de Melhores Interfaces de Usuário com CSS3", mostraremos como usar estes seletores de modo eficiente.

Efeitos Visuais

O uso de sombra em textos e imagens ajuda a trazer profundidade a uma página de *web* e gradientes (*dégradés*), por sua vez, adicionam dimensão. CSS3 nos permite adicionar sombras e gradientes a elementos sem que tenhamos que recorrer a imagens de segundo plano ou marcação suplementar. Ademais, podemos usar transformações para arredondar cantos, inclinar ou girar elementos. No Capítulo 8, "Apelo Visual", veremos como tudo isto funciona.

1.2 Compatibilidade

Uma das melhores razão para adotar HTML5 hoje *é* o fato de funcionar na maioria dos navegadores da atualidade. Neste momento, mesmo com Internet Explorer 6, podemos começar a usar HTML5 e, gradativamente, fazer a transição das marcações. É possível efetuar validação com o serviço de validação de W3C (condicionalmente, *é* verdade, pois os padrões ainda se encontram em processo de evolução).

Quem já trabalhou com HTML ou XML já se deparou com doctype anteriormente. Esta declaração *é* usada para informar a validadores e editores que *tags* e atributos podem ser usados e como o documento deve ser formado. Também *é* usada por muitos navegadores de *web* para determinar como a página deve ser exibida. Uma declaração doctype válida faz com que navegadores exibam páginas no "modo padrão".

Em comparação com a prolixa doctype *XHTML 1.0 Transitional* usada por vários *sites*:

```
<!DOCTYPE html PUBLIC "-//W3C//DTD XHTML 1.0 Transi-
tional//EN"
"http://www.w3.org/TR/xhtml1/DTD/xhtml1-transitional.
dtd">
```

a declaração doctype de HTML5 *é* extremamente simples:

```
html5_why/index.html
<!DOCTYPE html>
```

Basta posicionar isto no topo do documento para usarmos HTML5.

Obviamente, não podemos usar qualquer dos novos elementos de HTML5 que o navegador-alvo não suporte; mas o documento será validado como HTML5.

1.3 A Estrada para o Futuro é Acidentada

Há alguns obstáculos que continuam a impedir a larga adoção de HTML5 e CSS3. Alguns são *óbvios* e outros, nem tanto.

Pergunta do João ...

Gosto de Meus *Tags* de Autofechamento de XHTML. Ainda Posso Usá-los?
Certamente! Muitos desenvolvedores se apaixonaram por XHTML por

causa dos requisitos mais estritos sobre a marcação. Documentos XHTML forçaram atributos com aspas, obrigaram o autofechamento de *tags* de conteúdo, exigiram o uso de letras minúsculas para nomes de atributos e trouxeram marcação bem formada à *World Wide Web*. Mudar para HTML5 não significa mudar de hábitos. Os documentos HTML5 serão validados quer usemos a sintaxe de HTML5 ou a sintaxe de XHTML; contudo, devemos entender as implicações do uso de *tags* de autofechamento.

A maioria de servidores de *web* serve páginas HTML com tipo MIME text/html devido *à* incapacidade do Internet Explorer em processar adequadamente o tipo MIME application/xml+xhtml associado a páginas XHTML. Por isto, navegadores tendem a remover *tags* de autofechamento, pois, antes de HTML5, não eram considerados HTML válido. Por exemplo, no caso de um *tag* script de autofechamento acima de um div, como

```
<script language="javascript" src="application.js" />
<h2>Ajuda</h2>
```

O navegador removeria a barra de autofechamento e o aplicativo de exibição (*renderer*) pensaria que h2 estava *dentro* do *tag* script, *que nunca se fecha!* Por isto vemos *tags* script codificados com um *tag* de fechamento explícito, mesmo que *tag* de autofechamento seja uma marcação XHTML válida.

Portanto, se usarmos *tags* de autofechamento em documentos HTML5, devemos estar atentos a questões como esta, pois os documentos serão servidos com o tipo MIME text/html. Mais informação sobre este e outros temas pode ser encontrada em http://www.webdevout.net/articles/beware-ofxhtml#myths.

Bolo e Cobertura

Bolo é gostoso. Torta, também; mas bolo *é* muito gostoso! Bolo com cobertura é uma delícia.
No desenvolvimento de aplicações de *web*, devemos ter em mente que as bonitas interfaces de usuário e as coisas legais de JavaScript são a cobertura do bolo. Um *website* pode ser muito bom sem tudo isto; como no caso de um

bolo, precisamos de uma boa base para colocar a cobertura.

Algumas pessoas não gostam de cobertura: elas a raspam do bolo. Também há pessoas que, por diferentes razões, usam aplicações de *web* sem Java Script. Assemos um bolo espetacular para estas pessoas. Depois, adicionemos a cobertura.

Internet Explorer

Internet Explorer tem, atualmente, a maior base de usuários; mas, as versões 8 e anteriores oferecem suporte muito fraco a HTML5 e CSS3. IE9 melhorou esta situação, mas ainda não é largamente empregado. Isto, no entanto, não significa que não podemos usar HTML5 e CSS3 em nossos *sites*. Podemos fazer com que nossos *sites* funcionem em Internet Explorer, mas não precisam funcionar da mesma forma que as versões desenvolvidas para Chrome e Firefox. Apenas provemos soluções de compatibilização, de modo que os usuários não fiquem zangados e não percamos clientes.

Acessibilidade

Usuários devem ser capazes de interagir com nossos *websites*, mesmo que sejam deficientes visuais ou auditivos, usem navegadores antigos, conexões lentas ou dispositivos móveis. HTML5 introduz novos elementos, como áudio, vídeo e elemento canvas. Áudio e vídeo sempre apresentaram problemas de acessibilidade, e o elemento canvas apresenta novos desafios. O elemento canvas permite que, usando JavaScript, criemos imagens vetoriais em documentos HTML. Isto gera problemas para deficientes visuais e também para os 5% dos usuários de *web* que desabilitaram JavaScript.[3]

Precisamos ter acessibilidade em mente quando introduzimos novas tecnologias, e devemos prover soluções alternativas adequadas para estes elementos de HTML5, da mesma forma como faríamos no caso de pessoas que usam Internet Explorer.

Tags Obsoletos

HTML5 introduziu vários novos elementos, mas o padrão também tornou

---
[3] http://visualrevenue.com/blog/2007/08/eu-and-us-javascript-disabled-index.html

obsoletos elementos comuns encontrados em páginas de *web*.[4] Na mudança de padrão, devemos removê-los.

De início, vários elementos de apresentação foram eliminados. Caso os encontremos em um código, devemos removê-los! Devemos substituí-los por elementos semanticamente corretos e usar CSS para dar a eles uma aparência bonita.

- basefont
- big
- center
- font
- s
- strike
- tt
- u

Alguns destes *tags* são bem obscuros; todavia, numerosas páginas cuja manutenção *é* feita com editores visuais, como Dreamweaver, ainda contêm muitos *tags* font e center.

Além de elementos de apresentação, também foi removido suporte a quadros (*frames*). Quadros sempre foram populares em aplicações empresariais de *web*, como PeopleSoft e Microsoft Outlook Web Access, e até em portais personalizados. Apesar do largo uso, quadros causavam tantos problemas de instabilidade e de acessibilidade que tinham de desaparecer. Portanto, os seguintes elementos se tornaram obsoletos:

- frame
- frameset
- noframes

Devemos recorrer a CSS ou JavaScript para interfaces sem quadros. Caso quadros sejam usados para assegurar que o mesmo rodapé, cabeçalho e navegação apareçam em cada página da aplicação em questão, podemos obter o mesmo efeito com as ferramentas providas pela plataforma de desenvol-

---

[4] http://www.w3.org/TR/html5-diff/

vimento *web*. Outros elementos foram aposentados simplesmente porque melhores opções se tornaram disponíveis:

- acronym foi substituído por abbr.
- applet foi substituído por object.
- dir foi substituído por ul.

Além de elementos tornados obsoletos, vários atributos deixaram de ser válidos, incluindo alguns de apresentação, como:

- align
- atributos link, vlink, alink, e text no *tag* body
- bgcolor
- height e width
- rolagem no elemento iframe
- valign
- hspace e vspace
- cellpadding, cellspacing, e border em table

Se target for usado em *links*, como:

```
<a href="http://www.google.com" target="_blank">
```

devemos recorrer a JavaScript, pois target deixou de ser suportado.

O atributo profile no *tag* head, comum em *templates* de WordPress, também não é mais suportado.

Por fim, o atributo longdesc para os elementos img e iframe foi aposentado, o que *é* uma certa decepção para os defensores de acessibilidade, pois longdesc era uma forma estabelecida de prover informação descritiva adicional a usuários de leitores de tela.

Se planejarmos usar HTML5 em *sites* existentes, devemos procurar estes elementos, removê-los ou substituí-los por elementos mais semânticos. As páginas devem ser validadas com o serviço de validação de W3C[5], pois isto auxilia a localização de *tags* e atributos obsoletos.

---

5 http://validator.w3.org/

Competição de Interesses Corporativos

Internet Explorer não *é* o *único* navegador a atrasar a adoção de HTML5 e CSS3. Google, Apple e a Fundação Mozilla têm suas próprias agendas e estão empenhados em uma batalha pela supremacia. Estas organizações discutem o suporte a codecs de vídeo e *áudio* e incluem suas próprias opções nas respectivas versões de navegadores. Por exemplo, Safari tocará *áudio* MP3 com o elemento audio, mas arquivos ogg não funcionarão. Firefox, por sua vez, suporta arquivos ogg, mas não suporta arquivos mp3.

No fim, estas diferenças serão resolvidas. Enquanto isto, podemos fazer escolhas inteligentes quanto ao que daremos suporte, seja limitando o que implementamos aos navegadores usados pelo *público*-alvo ou implementando as coisas várias vezes, uma para cada navegador, até que os padrões estejam completos. Isto não *é* tão difícil quanto parece. Discutiremos esta questão no Capítulo 7, "Inclusão de Áudio e Vídeo".

HTML5 e CSS3 ainda são trabalhos em andamento

HTML5 e CSS3 não são as especificações finais, o que significa que qualquer coisa nestas especificações pode ser alterada. Embora Firefox, Chrome e Safari ofereçam forte suporte a HTML5, caso a especificação mude, os navegadores também mudarão, o que pode levar à obsolescência e falha de *websites*. Ao longo da escrita deste livro, sombra de caixa de CSS3 foi removida e reinserida na especificação; o protocolo Web Sockets foi modificado, quebrando totalmente a comunicação cliente-servidor.

Para quem acompanha o progresso de HTML5 e CSS3 e permanece em dia com as novidades, isto não é problema. Uma boa parte do que discutiremos neste livro funcionará por longo tempo.

Quando nos depararmos com algo que não funcione em um dos navegadores-alvo, basta que preenchamos as lacunas usando JavaScript e Flash para o remendo. Assim, construiremos soluções sólidas que funcionem para todos os usuários. Com o passar do tempo, poderemos remover JavaScript e as outras soluções de compatibilização, sem ter de alterar as implementações.

Contudo, em vez de gastarmos mais tempo discutindo o futuro, iniciemos o trabalho com HTML5. Há vários novos *tags* estruturais à nossa espera no próximo capítulo. Por que deixá-los esperando?

Parte I
Melhorando as Interfaces de Usuário

Novos *Tags* e Atributos Estruturais

Nos primeiros capítulos deste livro, falaremos sobre como usar as facilidades de HTML5 e CSS3 para aprimorar as interfaces que apresentamos a nossos usuários. Veremos como criar melhores formulários, aplicar estilo a tabelas com facilidade e melhorar a acessibilidade às nossas páginas para dispositivos de assistência. Também veremos como usar a geração de conteúdo para melhorar a usabilidade de nossas folhas de estilo de impressão e exploraremos edição local com o novo atributo contenteditable. Primeiro, examinemos como os novos elementos de HTML5 podem nos ajudar a melhorar a estruturação de nossas páginas.

Falemos de um problema sério que, hoje, afeta muitos desenvolvedores de *web*. *Divite* – uma síndrome crônica que faz com que desenvolvedores de *web* embrulhem *tags* div adicionais, com IDs como banner, sidebar, article e footer – *é* galopante. E altamente contagiosa. Desenvolvedores passam divite uns aos outros muito rapidamente; e, como divs são invisíveis ao olho nu, mesmo casos fracos de divite podem passar desapercebidos por anos.
Aqui está um sintoma comum de divite:

```
<div id="navbar_wrapper" >
  <div id="navbar" >
   <ul>
     <li><a href="/" >Principal</a></li>
     <li><a href="/" >Principal</a></li>
   </ul>
  </div>
</div>
```

Neste caso, temos uma lista não ordenada, que já *é* um elemento de bloco[1], envolvida por dois *tags* div que também são elementos de bloco. Os atributos id nestes elementos envolventes nos dizem o que os mesmos fazem; resultado idêntico pode ser obtido se removermos pelo menos um destes

---

1 Recordemos que elementos de bloco (*block elements*) caem em sua própria linha, enquanto elementos em linha (*inline elements*) não forçam quebra de linha.

elementos envolventes. Uso exagerado de marcação leva a inchamento e a páginas de difícil aplicação de estilo e manutenção.

Contudo, há esperança. O padrão HTML5 provê uma cura na forma de novos *tags* semânticos, que descrevem o conteúdo neles encerrado. Como tantos desenvolvedores usam barras laterais, cabeçalhos, rodapés e seções em seus projetos, a especificação HTML5 introduz novos *tags* elaborados especificamente para dividir uma página em regiões lógicas. Exploremos estes novos elementos. Juntamente com HTML5, podemos ajudar na erradicação da divite.

Além dos novos *tags* estruturais, também falaremos sobre o elemento meter e discutiremos como usar a nova facilidade de atributos personalizados em HTML5, de modo que possamos embutir dados nos elementos, em vez de sequestrar classes ou atributos existentes. Em resumo, tentaremos descobrir como usar o *tag* certo para a função certa.

Neste capítulo, exploraremos estes novos elementos e facilidades:[2]

`<header>`
Define uma região de cabeçalho de uma página ou seção. *[C5, F3.6, IE8, S4, O10]*

`<footer>`
Define uma região de rodapé de uma página ou seção. *[C5, F3.6, IE8, S4, O10]*

`<nav>`
Define uma região de navegação de uma página ou seção. *[C5, F3.6, IE8, S4, O10]*

`<section>`
Define uma região lógica de uma página ou de um agrupamento de conteúdo. *[C5, F3.6, IE8, S4, O10]*

`<article>`
Define um artigo ou peça completa de conteúdo. *[C5, F3.6, IE8, S4, O10]*

---

[2] Na descrição seguinte, o suporte de navegador é mostrado entre colchetes, segundo um código conciso e o número da versão mais antiga suportada. Os códigos usados são: *C*: Google Chrome; *F*: Firefox; *IE*: Internet Explorer; *O*: Opera; *S*: Safari; *IOS*: dispositivos iOS com Mobile Safari; *A*: Android Browser.

`<aside>`
Define conteúdo secundário ou relacionado. *[C5, F3.6, IE8, S4, O10]*

Atributos data personalizados
Permitem a adição de atributos personalizados a qualquer elemento usando o padrão data. *[Todos os navegadores suportam a sua leitura pelo método getAttribute() de JavaScript.]*

`<meter>`
Descreve uma grandeza em um intervalo. *[C5, F3.5, S4, O10]*

`<progress>`
Controle que mostra progresso em tempo real em direção a um objetivo. *[Não suportado à época da publicação do original deste livro.]*

1 Redefinição de um *Blog* Usando Marcação Semântica

Um local onde, com certeza, podemos encontrar muito conteúdo precisando de marcação estruturada é em um *blog*. Há cabeçalhos, rodapés, múltiplos tipos de navegação (arquivos, listas de *blogs* (*blogrolls*), *links* internos) e, obviamente, artigos ou postagens. Usemos a marcação de HTML5 para montar uma maquete da página de abertura do *blog* da empresa Espetaculo-SA, uma companhia de ponta em espetaculosidade.

Para dar uma ideia do que construiremos, examinemos a Figura 2.1, que ilustra uma típica estrutura de *blog*, com um cabeçalho (header) principal e navegação (nav) horizontal logo abaixo dele. Na seção (section) principal, cada artigo (article) tem um cabeçalho e um rodapé (footer). Um artigo também pode conter destaque (pull quote) ou aparte (aside). Há uma barra lateral que contém elementos adicionais de navegação . Por fim, a página tem um rodapé para contato e informação de direitos autorais. Nada há de novo em relação a esta estrutura, exceto que, em vez de codificá-la com numerosos *tags* div, usaremos *tags* específicos para descrever estas regiões.

Quando terminarmos, teremos algo parecido com o mostrado na Figura 2.2.

Tudo Começa com *Doctype* Certo

Queremos usar os novos elementos de HTML5, o que significa que precisamos informar os navegadores e validadores dos *tags* que empregaremos. Criemos uma nova página chamada index.html e nela posicionemos este *template* básico de HTML5:

▌ html5newtags/index.html
```
Linha    1  <!DOCTYPE html>
      2  <html lang="en-US">
      3    <head>
      4      <meta http-equiv="Content-Type" content="text/html; charset=utf-8" />
      5      <title> Blog de EspetaculoSA </title>
      6    </head>
      7
      8    <body>
      9    </body>
     10  </html>
```

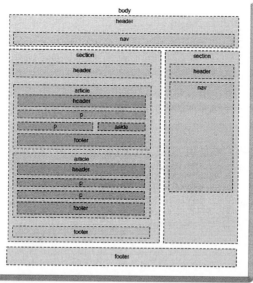

Figura 2.1: Estrutura de blog usando marcação semântica de HTML5.

Capítulo 2 ◄ Novos Tags e Atributos Estruturais ► 19

Examinemos a declaração doctype na linha 1 deste exemplo. Isto é tudo o que precisamos para um doctype HTML5. Quem está acostumado a construir páginas de *web*, provavelmente tem familiaridade com doctypes longos e de difícil memorização para XHTML, como este:

```
<!DOCTYPE html PUBLIC "-//W3C//DTD XHTML 1.0 Transitional//EN"
"http://www.w3.org/TR/xhtml1/DTD/xhtml1-transitional.dtd" >
```

Examinemos, novamente, o doctype de HTML5:

```
<!DOCTYPE html>
```

Muito mais simples e muito mais fácil de memorizar.

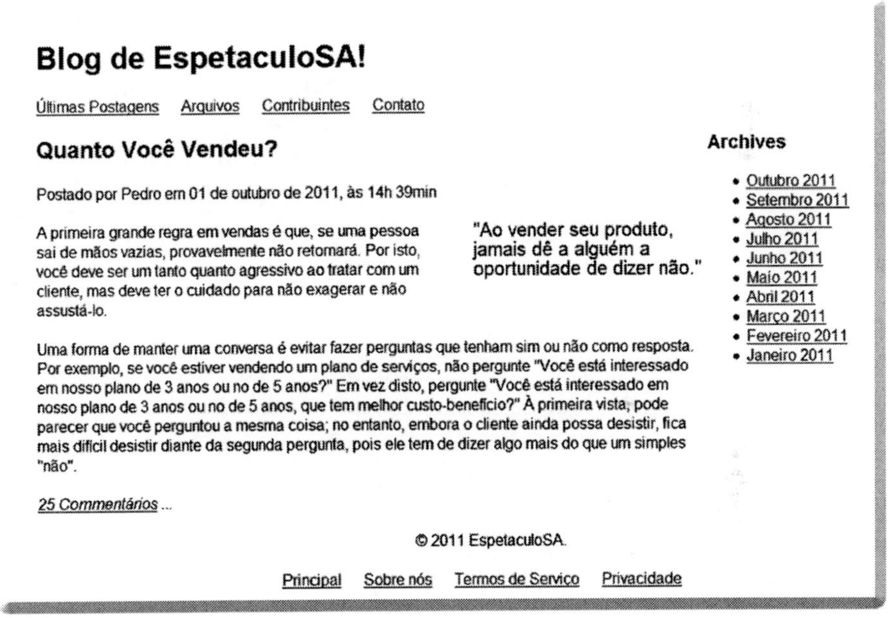

Figura 2.2: Layout final.

Doctype tem dois objetivos. Primeiro, ajudar validadores a determinarem as regras de validação que devem ser usadas para validar o código. Segundo, um doctype força as versões 6, 7, e 8 de Internet Explorer a entrarem no "modo padrão", o que é de importância vital se desejarmos construir páginas que funcionem em todos os navegadores. Doctype de HTML5 alcança estes dois objetivos, *sendo até reconhecido por Internet Explorer 6.*

Cabeçalhos

Cabeçalhos (headers) – que não devem ser confundidos com títulos (headings), como h1, h2 ou h3 – podem incluir toda sorte de conteúdo, desde o logotipo da companhia à caixa de busca. Por ora, o cabeçalho de nosso *blog* conterá somente o seu título do.

```
html5newtags/index.html
Linha    1 <header id="page_header">
         2     <h1>Blog de EspetaculoSA!</h1>
         3 </header>
```

Não somos obrigados a ter somente um cabeçalho em uma página. Cada seção ou artigo também pode ter um cabeçalho; portanto, o uso do atributo ID pode ser útil, como feito na linha 1 para identificar individualmente os elementos. Uma ID individual facilita a aplicação de estilo aos elementos com CSS, assim como a localização de elementos com Java Script.

> **Marcação Semântica**
>
> Marcação semântica (semantic markup) diz respeito à descrição do conteúdo. Quem tem experiência de desenvolvimento de páginas de *web* provavelmente as divide em várias regiões, como cabeçalho, rodapé e barra lateral, para facilitar a identificação das suas regiões na aplicação de estilos ou outro tipo de formatação.
>
> A marcação permite que o significado e o contexto do conteúdo sejam mais facilmente entendidos por máquinas e pessoas. Os novos *tags* de marcação de HTML5, como section, header e nav ajudam a fazer exatamente isto.

Rodapés

O elemento footer define informação de rodapé para um documento ou uma seção adjacente. Já vimos rodapés em *websites*; em geral, contêm informação como data do *copyright* e nome do dono do *site*. O padrão diz que podemos ter múltiplos rodapés em um documento, o que significa que podemos usar rodapés também nos artigos em nosso *blog*.

Por enquanto, definamos um rodapé simples para nossa página. Como podemos ter mais de um, daremos a este uma ID, como fizemos com o cabeçalho. Isto nos ajuda a identificar este particular rodapé quando formos adicionar estilos a este elemento e a seus derivados.

▌html5newtags/index.html
```
<footer id="page_footer">
  <p>&copy; 2011 EspetaculoSA.</p>
</footer>
```

Este rodapé contém apenas a data do *copyright*. No entanto, assim como cabeçalhos, rodapés em páginas geralmente contêm outros elementos, incluindo elementos de navegação.

Navegação

Navegação é vital ao sucesso de um *website*. As pessoas simplesmente não ficarão conectadas à página por muito tempo se tiverem dificuldade em encontrar o que buscam; portanto, faz sentido que navegação tenha seu próprio *tag* de HTML.

Adicionemos uma seção de navegação ao cabeçalho de nosso documento. Adicionaremos *links* à página principal do *blog*, a artigos, à página que lista os contribuintes do *blog* e a uma página de contato[3].

▌html5newtags/index.html
```
Linha    1 <header id="page_header">
```

---

[3] Dependendo da forma como o leitor monta os códigos dados no livro, pode ser necessário o uso de codificação de caracteres especiais; por exemplo, õ para õ, à para à, ç para ç etc. (N.T.)

```
-   <h1>EspetaculoSA!</h1>
-   <nav>
-     <ul>
5       <li><a href="/">Últimas Postagens</a></li>
-       <li><a href="archives">Arquivos</a></li>
-       <li><a href="contributors">Contribuintes</a></li>
-       <li><a href="contact">Contato</a></li>
-     </ul>
10  </nav>
-   </header>
```

Como cabeçalhos e rodapés, a página pode ter múltiplos elementos de navegação. Em geral, encontramos navegação no cabeçalho e no rodapé, de modo que podemos identificá-la explicitamente. O rodapé de nosso *blog* precisa de *links* apara a página principal de EspetaculoSA, apara a página "sobre nós" da companhia e para as políticas dos termos de serviço e de privacidade da empresa. Adicionemos estes *links* como outra lista não ordenada no interior do elemento footer da página.

▌ html5newtags/index.html
```
<footer id="page_footer">
<p>&copy; 2011 EspetaculoSA.</p>
  <nav>
   <ul>
     <li><a href="http://espetaculosa.com/">Principal</a></li>
     <li><a href="about">Sobre Nós</a></li>
     <li><a href="terms.html">Termos de Serviço</a></li>
     <li><a href="privacy.html">Privacidade</a></li>
   </ul>
  </nav>
</footer>
```

Usaremos CSS para alterar a aparência das duas barras de navegação; portanto, não nos preocupemos com aparência por enquanto. O objetivo destes novos elementos é a descrição do conteúdo e não a aparência do mesmo.

Seções e Artigos

Seções são as regiões lógicas de uma página; o elemento section veio para substituir o excessivamente usado *tag* div na descrição de seções lógicas.

```
html5newtags/index.html
<section id="posts">
</section>
```

No entanto, não devemos nos deixar levar pelas seções. Devemos usá-las para o agrupamento lógico de conteúdo! No exemplo em consideração, criamos uma seção que conterá todas as postagens do *blog*. Todavia, cada postagem não deve estar em sua própria seção: há um *tag* mais apropriado para isto.

Artigos

O *tag* article é o elemento perfeito para descrever o real conteúdo de uma página de *web*. Com tantos elementos em uma página, incluindo cabeçalhos, rodapés, elementos de navegação, propaganda, widgets, listas de *blogs* (blogrolls) e apontadores (bookmarks) de mídia social, fica fácil esquecer que as pessoas vem a nosso *site* por estarem interessadas no conteúdo que provemos. O *tag* article nos ajuda a descrever o conteúdo.

Cada um de nossos artigos terá um cabeçalho, algum conteúdo e um rodapé. Podemos definir todo um artigo da seguinte forma:

```
html5newtags/index.html
<article class="post">
  <header>
    <h2>Quanto Você Vendeu?</h2>
    <p>Postado por Pedro
<time datetime="2011-10-01T14:39">em 01 de outubro, 2011, às 14h 39min</time>
    </p>
  </header>
<p>
```

A primeira grande regra em vendas é que, se uma pessoa sai de mãos vazias, provavelmente não retornará. Por isto, você deve ser um tanto quanto agressivo ao tratar com um cliente, mas deve ter o cuidado para não exagerar e não assustá-lo.
```
    </p>
    <p>
```
Uma forma de manter uma conversa é evitar fazer perguntas que tenham sim ou não como resposta. Por exemplo, se você estiver vendendo um plano de serviços, não pergunte "Você está interessado em nosso plano de 3 anos ou no de 5 anos?" Em vez disto, pergunte "Você está interessado em nosso plano de 3 anos ou no de 5 anos, que tem melhor custo-benefício?" À primeira vista, pode parecer que você perguntou a mesma coisa; no entanto, embora o cliente ainda possa desistir, fica mais difícil desistir diante da segunda pergunta, pois ele tem de dizer algo mais do que um simples "não".
```
    </p>
      <footer>
      <p><a href="comments"><i>25 Comentários</i></a>
...</p>
      </footer>
  </article>
```

Pergunta do João. . .

Qual é a Diferença Entre Artigo e Seção?

Devemos pensar em uma seção como uma parte lógica de um documento e em um artigo como o verdadeiro conteúdo, como um artigo de revista, uma postagem de *blog* ou um item de notícia.

Estes novos *tags* descrevem o conteúdo de artigos. Seções podem ter muitos artigos e artigos também podem ter muitas seções. Uma seção é como a seção de esportes de um jornal. A seção de esportes tem muitos artigos. Cada um dos artigos pode ser divido em suas próprias seções. Algumas seções, como cabeçalhos e rodapés, têm *tags* específicos. Uma seção é um elemento mais genérico que podemos usar para efetuar o agrupamento lógico de outros elementos.

A marcação semântica diz respeito ao *significado* do conteúdo.

Podemos usar os elementos header e footer em artigos, o que facilita a descrição destas seções específicas. Usando o elemento section, também podemos dividir um artigo em múltiplas seções.

Apartes e Barras Laterais

Às vezes, temos conteúdo que adiciona algo ao conteúdo principal, como destaques, diagramas, ideias paralelas ou *links* relacionados. Podemos usar o novo *tag* aside para identificar estes elementos.

```
html5newtags/index.html
<aside>
  <p>
&quot; Jamais dê a alguém a oportunidade de dizer não ao vender seu produto.&quot;
  </p>
</aside>
```

Colocaremos o destaque em um elemento aside. Incluiremos este aparte (aside) no artigo, mantendo-o próximo ao conteúdo a que está relacionado. A seção completa, com o aparte, ficou assim:

```
html5newtags/index.html
<section id="posts">
 <article class="post">
  <header>
   <h2>Quanto Você Vendeu?</h2>
   <p>Postado por Pedro
      <time datetime="2011-11-01T14:39">em 01 de outubro, 2011, às 14h 39min</time>
   </p>
  </header>

  <aside>
   <p>
&quot;Jamais dê a alguém a oportunidade de dizer não ao vender seu produto.&quot;
   </p>
```

```
        </aside>
        <p>
A primeira grande regra em vendas é que, se uma pes-
soa sai de mãos vazias, provavelmente não retornará. Por
isto, você deve ser um tanto quanto agressivo ao tratar
com um cliente, mas deve ter o cuidado para não exagerar
e não assustá-lo.
        </p>
        <p>
Uma forma de manter uma conversa é evitar fazer pergun-
tas que tenham sim ou não como resposta. Por exemplo, se
você estiver vendendo um plano de serviços, não pergunte
"Você está interessado em nosso plano de 3 anos ou no
de 5 anos?" Em vez disto, pergunte "Você está interes-
sado em nosso plano de 3 anos ou no de 5 anos, que tem
melhor custo-benefício?" À primeira vista, pode parecer
que você perguntou a mesma coisa; no entanto, embora o
cliente ainda possa desistir, fica mais difícil desistir
diante da segunda pergunta, pois ele tem de dizer algo
mais do que um simples "não".
        </p>
          <footer>
            <p><a href="comments"><i>25 Comentários</i></a>
...</p>
          </footer>
        </article>
      </section>
```

Agora, basta adicionar a seção de barra lateral.

Apartes não são Barras Laterais de Páginas!

Nosso *blog* tem uma barra lateral à direita que contém *links* para os arquivos do *blog*. Quem pensar que pode usar o *tag* aside para definir a barra lateral está errado. Isto *pode* ser feito assim, mas vai de encontro ao espírito do padrão. O objetivo do aparte (aside) é mostrar conteúdo relacionado ao artigo.

É um local para mostrar *links* relacionados, um glossário ou um destaque (pullout quote).

Para definir a barra lateral que contém a lista de artigos anteriores, usaremos outro *tag* section e um *tag* nav.

▌ html5newtags/index.html
```
<section id="sidebar">
  <nav>
    <h3>Arquivos</h3>
    <ul>
      <li><a href="2011/10">Outubro 2011</a></li>
      <li><a href="2011/09">Setembro 2011</a></li>
      <li><a href="2011/08">Agosto 2011</a></li>
      <li><a href="2011/07">Julho 2011</a></li>
      <li><a href="2011/06">Junho 2011</a></li>
      <li><a href="2011/05">Maio 2011</a></li>
      <li><a href="2011/04">Abril 2011</a></li>
      <li><a href="2011/03">Março 2011</a></li>
      <li><a href="2011/02">Fevereiro 2011</a></li>
      <li><a href="2011/01">Janeiro 2011</a></li>
    </ul>
  </nav>
</section>
```

Isto completa a estrutura de nosso *blog*. Agora, podemos começar a aplicar estilo a estes novos elementos.

Aplicação de Estilo

Podemos aplicar estilo a estes novos elementos como faríamos com os *tags* div de estilo. Primeiro, criemos um novo arquivo de folha de estilo (style sheet) chamado style.css e o anexemos a nosso documento HTML por meio de um *link* de folha de estilo no cabeçalho:

```
html5newtags/index.html
<link rel="stylesheet" href="style.css" type="text/css">
```
Centremos o conteúdo da página e especifiquemos alguns estilos básicos de fonte.

```
html5newtags/style.css
body{
  width:960px;
  margin:15px auto;
  font-family: Arial, "MS Trebuchet", sans-serif;
}
p{
  margin:0 0 20px 0;
}
p, li{
  line-height:20px;
}
```

A seguir, definamos a largura do cabeçalho:

```
html5newtags/style.css
header#page_header{
  width:100%;
}
```

Apliquemos estilo aos *links* de navegação transformando a lista com marcadores em barras de navegação horizontal:

```
html5newtags/style.css
header#page_header nav ul, #page_footer nav ul{
  list-style: none;
  margin: 0;
  padding: 0;
}
#page_header nav ul li, footer#page_footer nav ul li{
  padding:0;
  margin: 0 20px 0 0;
  display:inline;
}
```

A seção de postagens deve ser alinhada (floated) à esquerda e sua largura deve ser especificada; o aparte também deve ser alinhado (à direita) no interior do artigo. Enquanto fazemos isto, aumentemos o tamanho da fonte para o aparte:

```
html5newtags/style.css
section#posts{
   float: left;
   width: 74%;
}
section#posts aside{
   float: right;
   width: 35%;
   margin-left: 5%;
   font-size: 20px;
   line-height: 40px;
}
```

A barra lateral também dever alinhada e sua largura deve ser especificada:

```
html5newtags/style.css
section#sidebar{
   float: left;
   width: 25%;
}
```

Medidores e Barras de Progresso

Caso necessitemos implementar um medidor de doações (pledge meter) ou uma barra de progresso de envio (upload) de arquivos em uma aplicação de *web*, vale a pena investigarmos os elementos meter e progress introduzidos em HTML5.

O elemento meter permite que descrevamos semanticamente um dado ponto em um medidor com um valor mínimo e um valor máximo. Para que o medidor esteja em harmonia com o padrão, não devemos usá-lo para coisas com valores mínimo e máximo arbitrários, como peso e altura, a menos que estejamos falando de algo específico e tenhamos estabelecido uma determinada fronteira. Por exemplo, se tivermos um *website* para recebimento de doações e desejarmos mostrar quão próximo estamos do objetivo de R$5.000,00, podemos fazer isto com facilidade:

▎ html5_meter/index.html
```html
<section id="pledge">
  <header>
    <h3>Nosso Objetivo</h3>
  </header>
    <meter title="R$" id="pledge_goal" value="2500" min="0" max="5000" >
R$2500,00
    </meter>
   <p>Ajude-nos a alcançar o objetivo de R$5000!</p>
</section>
```

O elemento progress é muito parecido com um medidor, mas foi projetado para mostrar progresso ativo, como quando enviamos um arquivo. O medidor, para comparação, foi projetado para mostrar uma medida que não está variando no momento, como um balanço do espaço de armazenagem disponível no servidor para um dado usuário em certo instante de tempo. A marcação para barra de progresso é similar à do elemento meter:

▎ html5_meter/progress.html
```html
<progress id="progressbar" max=100><span>0</span>%</progress>
```

Os elementos meter e progress ainda não recebem estilo de navegadores, mas podemos usar JavaScript para colher valores do medidor e construir nossa própria visualização usando meter ou progress para descrever os dados semanticamente. Os arquivos de exemplo do livro para o elemento meter mostram como isto pode ser feito.

Precisamos definir o rodapé. Limpemos o alinhamento (float) de modo que fique posicionado no pé da página.

▎ html5newtags/style.css
```css
footer#page_footer{
clear: both;
```

```
width: 100%;
display: block;
text-align: center;
}
```

Estes são apenas estilos básicos. Temos certeza que o leitor pode melhorar muito a aparência da página.

Compatibilização

Embora tudo isto funcione bem em Firefox, Chrome e Safari, o pessoal da gerência não ficará muito feliz quando vir a bagunça que Internet Explorer faz com nossa página. O conteúdo é exibido corretamente; mas, como não entende estes elementos, IE não é capaz de aplicar estilo a eles e a página ficará parecendo algo do meado da década de 1990. A única forma de fazer com IE aplique estilo a estes elementos é usar JavaScript para definir os elementos como parte do documento. E isto é feito com facilidade. Adicionemos o código a seguir à seção de cabeçalho da página, de modo que seja executado antes que o navegador exiba qualquer elemento. Posicionemos o código em um *comentário condicional*, um tipo especial de comentário que apenas Internet Explorer lê.

▎html5newtags/index.html
```
<!--[if lt IE 9]>
<script type="text/javascript" >
  document.createElement("nav" );
  document.createElement("header" );
  document.createElement("footer" );
  document.createElement("section" );
  document.createElement("aside" );
  document.createElement("article" );
</script>
<![endif]-->
```

Este particular comentário tem como alvo qualquer versão de Internet Explorer que seja mais antiga do que 9.0. Se a recarregarmos, nossa página agora será exibida corretamente.

No entanto, estamos criando dependência a JavaScript e devemos levar isto em consideração. A melhora na organização e facilidade de leitura do documento justifica esta abordagem e, como não há problemas de acessibilidade, pois o conteúdo ainda é exibido e lido por um leitor de tela, apenas fazemos nossa apresentação parecer antiquada aos usuários que intencionalmente desabilitaram JavaScript.

Esta abordagem é aceitável para a adição de suporte a alguns poucos elementos ou para que entendamos como podemos adicionar suporte. A brilhante solução dada por Remy Sharp[4], da HTMLShiv[5], leva esta abordagem mais adiante e pode ser mais apropriada para a incorporação de suporte alternativo quando necessitarmos de suporte para muitos elementos.

2 Criação de Janelas *Pop-up* com Atributos Data Personalizados

Quem já construiu qualquer aplicação de *web* que usa JavaScript para colher informação do documento sabe que isto, às vezes, pode exigir um pouco de esperteza e análise sintática (parsing) para que as coisas funcionem. Podemos acabar inserindo informação adicional a manipuladores de eventos (event handlers) ou extrapolando o uso de atributos rel ou class para injetar comportamento. Agora, isto é coisa do passado, graças ao advento de atributos data personalizados (custom data attributes).

Atributos data personalizados iniciam com o prefixo data- e, para documentos HTML5, são ignorados pelo validador. Podemos anexar um atributo data personalizado a qualquer elemento, seja ele um metadado relativo a uma fotografia, coordenadas de latitude e longitude ou, como veremos aqui, dimensões para uma janela *pop-up*. O melhor de tudo é que, atualmente, podemos usar atributos data personalizados em quase todos os navegadores de *web*, pois estes atributos podem ser colhidos com JavaScript.

---

[4] Remy Sharp é desenvolvedor de *web* e mantém um *blog* em http://remysharp.com/ (N.T.)
[5] http://code.google.com/p/html5shiv/

Como separar comportamento e conteúdo ou por que onclick é ruim

Ao longo dos anos, janelas *pop-up* adquiriram uma má reputação que, muitas vezes, era justificada. É comum que janelas *pop-up* sejam usadas para que vejamos um anúncio, para convencer incautos usuários de *web* a instalar programas espiões ou vírus ou, o que é ainda mais grave, fornecer informação pessoal, que é revendida. Não surpreende que a maioria dos navegadores dispõe de algum tipo de bloqueador de janelas *pop-up*.

No entanto, nem todas as janelas *pop-up* são más. Desenvolvedores de aplicações de *web* geralmente recorrem a janelas *pop-up* para exibir ajuda *online*, opções adicionais ou outras importantes facilidades de interface de usuário. Para que janelas *pop-up* perturbem menos, é preciso que sejam implementadas de modo discreto. Quando visitamos a página de recursos humanos de EspetaculoSA, vemos vários *links* que exibem políticas em janelas *pop-up*. A maioria tem a seguinte aparência:

```
html5_popups_with_custom_data/original_example_1.html
<a href='#'
   onclick="window.open('pagamento_ferias.html',WinNam
e,'width=300,height=300);" >
Pagamento de Férias
</a>
```

Esta é uma forma muito comum de construir *links* que lancem janelas *pop--up*. Na verdade, assim é que iniciantes em JavaScript geralmente aprendem a construir janelas *pop-up*. Todavia, esta abordagem apresenta alguns problemas que devemos examinar antes de prosseguirmos.

Melhoria de Acessibilidade

O destino do *link* não está especificado! Caso JavaScript esteja desabilitado, o *link* não levará o usuário à página. Este é um grande problema que precisamos resolver imediatamente. *Jamais, em qualquer* circunstância, devemos omitir o atributo href ou dar a ele um valor como este. Devemos dar a ele endereço do recurso a ser exibido na janela *pop-up*.

```
html5_popups_with_custom_data/original_example_2.html
<a href='pagamento_ferias.html'
   onclick="window.open(this.href,WinName,'width=300,h
eight=300);" >
Pagamento de Férias
</a>
```

O código JavaScript, então, lê o atributo href para a localização do *link* do elemento anexado.

O primeiro passo na construção de páginas acessíveis consiste em assegurar que tudo funcione *sem* JavaScript.

Abolição de onclick

Devemos manter comportamento separado de conteúdo, assim como separamos informação de apresentação com o uso de folhas de estilo com *links*. O uso de onclick é simples; contudo, imaginemos uma página com cinquenta *links* e perceberemos que o método onclick rapidamente deixa de ser controlável. Repetiremos o código JavaScript numerosas vezes. Caso geremos este código a partir de algum código no lado servidor, apenas aumentaremos o número de eventos JavaScript, aumentando desnecessariamente o tamanho do resultante HTML.

Em vez de fazer isto, podemos dar a cada âncora na página uma classe que a identifique.

```
html5_popups_with_custom_data/original_example_3.html
  <a href="holiday_pay" class="popup">Pagamento de
Férias</a>
```
```
html5_popups_with_custom_data/original_example_3.html
  var links = $("a.popup" );
  links.click(function(event){
  event.preventDefault();
  window.open($(this).attr('href'));
});
```

Usamos um seletor jQuery para colher os elementos com a classe popup e, então, adicionamos um observador a cada evento click do elemento. O código que passaremos ao método click será executado quando alguém clicar no *link*. O método preventDefault evita o comportamento-padrão do evento click. Neste caso, o método evita que o navegador siga o *link* e exiba uma nova página.

No entanto, perdemos algo: a informação sobre como dimensionar e posicionar a janela, que tínhamos no exemplo original. Desejamos que um projetista de página que não tenha familiaridade com JavaScript seja capaz de especificar as dimensões de uma janela *link* a *link*.

Atributos Data Personalizados são a Salvação!

Situações como esta são comuns na construção de aplicações com JavaScript habilitado. Como vimos, é desejável que altura e largura pretendidas para a janela sejam armazenadas no código, mas a abordagem onclick tem muitas deficiências. Uma solução consiste em embutir estes atributos como atributos no elemento. Tudo o que precisamos fazer é construir o *link* desta forma:

```
html5_popups_with_custom_data/popup.html
<a href="help/pagamento_ferias.html"
   data-width="600"
   data-height="400"
   title="Pagamento de Férias"
   class="popup" >Pagamento de Férias</a>
```

Agora, modifiquemos o evento click que escrevemos para colher as opções dos atributos data personalizados do *link* e passá-los ao método window. open:

```
html5_popups_with_custom_data/popup.html
$(function(){
  $(".popup" ).click(function(event){
    event.preventDefault();
    var href = $(this).attr("href" );
    var width = $(this).attr("data-width" );
    var height = $(this).attr("data-height" );
```

```
    var popup = window.open (href,"popup" ,
"height=" + height +",width=" + width + "" );
});
});
```

Isto é tudo! Agora, o *link* se abre em uma nova janela.

• •
Atenção
Neste exemplo, usamos atributos data personalizados para prover informação adicional ao script no lado cliente. Esta é uma forma inteligente de resolver um problema específico e ilustra uma aplicação destes atributos. Isto tende a misturar informação de apresentação com marcação, mas é uma forma simples de mostrar quão fácil é o uso de JavaScript para ler valores que embutimos em uma página.
• •

Compatibilização

Estes atributos funcionam em navegadores antigos, desde que suportem JavaScript. Os atributos data personalizados não farão o navegador falhar e o documento será válido, pois estamos usando o doctype de HTML5 e os atributos que iniciam com data- serão todos ignorados.

Futuro

Quanto forem largamente suportados, poderemos fazer coisas interessantes com estes novos *tags* e atributos. Poderemos identificar e desabilitar navegação e rodapé de artigos facilmente com o uso de folhas de estilo de impressão:

```
nav, article>footer{display:none}
```

Poderemos usar linguagem de script para identificar rapidamente todos os artigos em uma página ou site. O mais importante, contudo, é que marcaremos conteúdo com tags apropriados que o descrevem e, assim, poderemos escrever melhores folhas de estilo e melhor JavaScript.

Atributos data personalizados dão a desenvolvedores a flexibilidade de embutir toda sorte de informação na marcação. Na verdade, os usaremos novamente no Capítulo 6, Uso de Canvas.

Podemos usar atributos data personalizados com JavaScript para determinar se um tag de formulário deve submeter via Ajax, simplesmente usando qualquer tag form com
dataremote=true, algo que a estrutura de Ruby on Rails faz.

Podemos, também, usar atributos data personalizados para exibir data e hora no fuso-horário do usuário, ainda durante o processo de caching da página. Para isto, basta colocar a data na página HTML como UTC e fazer a conversão ao fuso-horário do usuário no lado cliente. Estes atributos permitem que embutamos dados reais e usáveis nas páginas; devemos passar a ver cada vez mais plataformas e bibliotecas usando-os. O leitor certamente encontrará muitos usos para estes atributos em seu trabalho.

Com isto, contribuímos para a erradicação total da divite!

Capítulo 3

Criação de Formulários de *Web* Amigáveis

Quem já projetou uma complicada interface de usuário sabe quão limitados são os controles básicos de formulário de HTML. Somos obrigados a usar campos de texto, menus de seleção, botões de opção, caixas de seleção e, às vezes, as mais canhestras listas de *múltipla seleção* (*multiple select* lists) que, invariavelmente, devemos explicar aos usuários como utilizar. ("Aperte a tecla Ctrl e clique nas entradas desejadas, a menos que use um Mac, no qual deve apertar a tecla Cmd.")
Neste caso, fazemos o que todo bom desenvolvedor de *web* faz – recorremos a Prototype ou a jQuery, ou escrevemos nossos próprios controles e facilidades usando uma combinação de HTML, CSS e JavaScript. Contudo, quando nos deparamos com um formulário que tem controles deslizantes (sliders), controles de calendário, caixas de texto com controle (spinboxes), campos autocomplete e editores visuais, rapidamente nos damos conta de que criamos um pesadelo para nós mesmos. Devemos nos assegurar de que os controles que incluímos na página não entrem em conflito com qualquer outro controle ou biblioteca JavaScript. Podemos gastar horas implementando um seletor de calendário e acabar descobrindo que, agora, a biblioteca Prototype tem problemas, pois jQuery se apoderou da função $(). Assim, usamos o método noConflict() de jQuery e descobrimos que o controle de cor do seletor deixou de funcionar porque o *plug-in* não foi escrito com o devido cuidado.
Se o leitor estiver rindo é porque já passou por isto. Se estiver com raiva, o motivo deve ter sido o mesmo. Contudo, há esperança. Neste capítulo, construiremos alguns formulários de *web* usando novos tipos de campo de formulário e implementaremos autofocagem e alocação de lugar de texto.

Por fim, discutiremos o uso do novo atributo contenteditable para transformar qualquer campo de HTML em um controle de entrada de usuário.

Especificamente, exploraremos as seguintes facilidades[1]:

---
1 Na descrição a seguir, o suporte do navegador é mostrado entre colchetes, segundo um código conciso e a versão mais antiga suportada. Os códigos usados são: C: Google Chrome; F: Firefox; IE: Internet Explorer; O: Opera; S: Safari; IOS: dispositivos iOS com Mobile Safari; A: Android Browser.

Campo email [<input type="email">]
Exibe um campo de formulário para um endereço de *email*. *[O10.1, IOS]*

Campo url [<input type="url">]
Exibe um campo de formulário para URLs. *[O10.1, IOS]*

Campo tel [<input type="tel">]
Exibe um campo de formulário para números de telefone. *[O10.1, IOS]*

Campo search [<input type="search">
Exibe um campo de formulário para palavras-chave de buscas. *[C5, S4, O10.1, IOS]*

Campo range [<input type="range">]
Exibe um controle para o controle deslizante (slider). *[C5, S4, O10.1]*

Campo number [<input type="number">]
Exibe um campo de formulário para números, em geral, como uma caixa de texto com controles (*spinbox*). *[C5, S5, O10.1, IOS]*

Campo date [<input type="date">]
Exibe um campo de formulário para datas. Suporta data, mês ou semana. *[C5, S5, O10.1]*

Campo datetime [<input type="datetime">]
Exibe um campo de formulário para datas com hora. Suporta datetime, datetime-local, time. *[C5, S5, O10.1]*

Campo color [<input type="color">]
Exibe um campo de formulário para a especificação de cores. *[C5, S5]* (Chrome 5 e Safari 5 entendem o campo color, mas não exibem qualquer controle específico.)

Suporte a autofocus [<input type="text" autofocus>]

Suporte à focagem de um particular elemento de forma. *[C5, S4]*
Suporte a placeholder [<input type="email" placeholder="me@example.com">]

Suporte à exibição de alocadores de posição (placeholder) de texto no interior de um campo de formulário. *[C5, S4, F4]*

Suporte à edição local [<p contenteditable>lorem ipsum</p>]
Suporte à edição local (in-place editing) de conteúdo via navegador. *[C4, S3.2, IE6, O10.1]*

Iniciemos nosso aprendizado com alguns tipos extremamente úteis de campo de formulário.

3 Descrição de Dados com Novos Campos de Entrada

HTML5 introduz novos tipos de entrada que podemos usar para melhorar a descrição dos tipos de dados a serem fornecidos pelo usuário. Além dos usuais elementos campos de texto, botões de opção (radio buttons) e caixas de seleção (checkboxes), podemos usar elementos como campos de e-mail, calendários (calendars), seletores de cor (color pickers), caixas de texto com controles (spinboxes) e controles deslizantes (sliders). Navegadores podem usar estes novos campos para a exibição de controles melhores ao usuário sem a necessidade de recorrer a JavaScript. Dispositivos móveis, teclados virtuais para *tablets* e telas sensíveis ao toque (touchscreens) podem usar os tipos de campo para exibir diferentes teclados. Por exemplo, o navegador Mobile Safari de iPhone exibe diferentes *layouts* de teclados quando o usuário tecla dados nos tipos URL e email, tornando caracteres especiais como @, ., : e / mais facilmente acessíveis.

Aprimoramento do Formulário de Projeto de EspetaculoSA

EspetaculoSA está envolvida na criação de uma nova aplicação de *web* de gerenciamento de projeto para que desenvolvedores e gerentes possam acompanhar com mais facilidade o progresso dos muitos projetos em andamento. Cada projeto tem um nome, um endereço de e-mail constante e uma URL de preparação (staging URL), de modo que gerentes possam visualizar o *website* à medida que ele é construído. Há, também, campos para a data de início, prioridade e o estimado número de horas para completar o projeto. Por fim, o gerente de desenvolvimento pode querer dar uma cor a cada projeto para identificação rápida na leitura de relatórios.

Construamos, com os novos campos de HTML5, um modelo de página de preferências de projeto

Estabelecimento do Formulário Básico

Criemos um formulário básico de HTML para uma solicitação de POST. Como nada há de especial quanto ao nome do campo, usaremos o confiável campo text.

▌ html5forms/index.html
```
<form method="post" action="/projects/1">
<fieldset id=" personal_information">
 <legend>Informação Sobre o Projeto</legend>
  <ol>
    <li>
     <label for="name">Nome</label>
     <input type="text" name="name" autofocus id="name">
    </li>
    <li>
<input type="submit" value="Submit">
    </li>
  </ol>
</fieldset>
</form>
```

Reparemos que este formulário é marcado com rótulos (labels) embrulhados em uma lista ordenada. Rótulos são essenciais na criação de formulários acessíveis. O atributo for do rótulo faz referência à id dos associados elementos de formulário. Isto ajuda leitores de tela a identificarem campos em uma página. A lista ordenada provê uma boa forma de listar os campos sem recorrer a complexas estruturas de tabela ou div. Isto também provê uma forma de marcarmos a ordem em que gostaríamos que as pessoas preenchessem os campos.

Criação de um Controle Deslizante Usando Range

Controles deslizantes (sliders) são comumente usados para deixar que usuários diminuam ou aumentem um valor numérico, e podem ser uma ótima forma de permitir que gerentes rapidamente visualizem ou modifiquem a prioridade do projeto. Implementamos um controle deslizante com o tipo range:

▌ html5forms/index.html
```
<label for="priority">Prioridade</label>
  <input type="range" min="0" max="10"
name="priority" value="0" id="priority">
```

Adicionemos isto ao formulário em um novo elemento li, como o campo anterior. Chrome e Opera implementam um *widget* Slider, que tem a seguinte aparência:

Reparemos que os valores mínimo (min) e máximo (max) do intervalo de variação (range) do controle devem ser especificados. Isto limitará o valor do campo de formulário.

Manipulação de Números com Spinboxes

Números são muito utilizados e, embora, a entrada deles seja bastante simples, o uso de caixas de texto com controle (spinboxes) pode facilitar a implementação de pequenos ajustes. Um spinbox é um controle com setas que aumenta ou diminui o valor na caixa. Usemos spinbox para o número estimado de horas. Desta forma, o número de horas pode ser ajustado com facilidade.

▌ html5forms/index.html
```
<label for="estimated_hours">Número de Horas</label>
  <input type="number" name="estimated_hours"
min="0" max="1000"
id="estimated_hours" >
```

Opera suporta controle via spinbox, que tem a seguinte aparência:

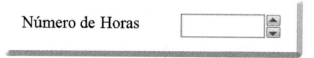

Spinboxes, por *default*, também permitem datilografar e, como sliders, podemos especificar os valores mínimo e máximo de variação. Contudo, estes valores mínimo e máximo não serão aplicados a qualquer valor que seja datilografado no campo. Ademais, podemos controlar o tamanho do passo incremental com a especificação de um valor ao parâmetro step. O valor *default* deste parâmetro é 1, mas pode ser qualquer outro valor numérico.

Datas

O registro da data de início do projeto é muito importante, e é desejável que possa ser feito da forma mais fácil possível. O tipo de entrada date é perfeito para isto.

```
html5forms/index.html
<label for="start_date">Data de início</label>
    <input type="date" name="start_date" id="start_date"
value="2010-12-01" >
```

À época da escrita deste livro, Opera era o único navegador com suporte a um seletor completo de calendário (calendar picker).

Aqui está um exemplo da implementação de Opera:

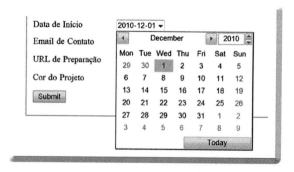

Safari 5.0 exibe um campo similar ao campo number com setas para avançar e retroceder a data. Se o campo for deixado em branco, o valor *default* é "1582". Outros navegadores exibem um campo de texto.

E-mail

O padrão HTML5 diz que o tipo de entrada e-mail é designado para conter um único endereço de *e-mail* ou uma lista de endereços de *e-mail*; portanto, é o candidato perfeito para nosso campo email.

```
html5forms/index.html
<label for="email">Email de contato</label>
<input type="email" name="email" id="email">
```

Dispositivos móveis são os que mais se beneficiam deste tipo de campo de formulário, pois o *layout* do teclado virtual é alterado para facilitar a entrada de endereços de *e-mail*.

URL

Também há um tipo de campo para a manipulação de URLs. Este tipo é particularmente interessante caso os visitantes da página utilizem um iPhone, pois este é capaz de exibir um *layout* muito diferente de teclado, com botões de ajuda para a entrada rápida de endereços da *web*, similar ao teclado exibido para a entrada de uma URL na barra de endereços de Mobile Safari. A adição do campo para a URL de preparação (staging URL) é muito simples, como neste código:

```
html5forms/index.html
<label for="url">URL de Preparação</label>
<input type="url" name="url" id="url">
```

Teclados virtuais também usam este tipo de campo para a exibição de diferentes *layouts*.

46 ❮ HTML5 e CSS3 ❯

Figura 3.1: certos controles de formulário já são suportados em Opera.

Cor

Por fim, é necessário prover uma forma para a entrada de um código de cor; para isto, usaremos o tipo color.

```
html5forms/index.html
<label for="project_color">Cor do projeto</label>
<input type="color" name="cor_do_projeto" id=" cor_
do_projeto">
```

À época da escrita deste livro, nenhum navegador exibia controle para a seleção de cor (color picker), mas isto não impede que usemos este campo. Usamos marcação apropriada para descrever o conteúdo e isto será útil no futuro, especialmente se precisarmos prover suporte alternativo.

Opera suporta já suporta a maioria destes novos controles, como podemos observar na Figura 3.1; contudo, quando abrimos a página em Firefox, Safari ou Google Chrome, não veremos muita diferença. Precisamos corrigir isto.

Capítulo 3 ‹ Criação de Formulários de *Web* Amigáveis › 47

Compatibilização

Navegadores que não entendem estes novos tipos simplesmente usam o tipo text, de modo que os formulários ainda serão usáveis. Neste ponto, podemos associar um dos *widgets* UI ou YUI de jQuery ao campo para transformá-lo. À medida que mais navegadores suportarem estes controles, os ganchos JavaScript podem ser removidos.

Substituição do Seletor de Cores

Podemos facilmente identificar e substituir o seletor de cores (*color picker*) usando jQuery com os seletores de atributo de CSS3. Localizamos qualquer campo de entrada com o tipo color e aplicamos um *plug-in* jQuery chamado SimpleColor.

▌ html5forms/index.html
```
if (!hasColorSupport()){
   $('input[type=color]').simpleColor();
}
```

Como usamos os novos tipos de formulários na marcação, não precisamos adicionar um nome de classe ou outra marcação para identificar os seletores de cor. Seletores de atributo e HTML5 trabalham muito bem juntos.

Caso o navegador tenha suporte ao seletor de cores, não precisamos deste *plug-in*; neste caso, usemos algum JavaScript para detectar se o navegador suporta campos de entrada com um tipo color.

▌ html5forms/index.html
```
Linha   1 function hasColorSupport(){
-   input = document.createElement("input" );
-   input.setAttribute("type" , "color" );
-   var hasColorType = (input.type !== "text" );
5   // handle Safari/Chrome partial implementation
-   if(hasColorType) {
-      var testString = "foo" ;
-      input.value=testString;
-      hasColorType = (input.value != testString);
```

```
10  }
-  return(hasColorType);
-  }
```

Primeiro, usamos JavaScript comum para criar um elemento e especificamos o atributo type do mesmo como color. A seguir, recuperamos o atributo type para verificar se o navegador permitiu que o mesmo fosse especificado. Se o valor retornado for color, temos suporte para este tipo. Se não for, devemos aplicar o script anterior.

As coisas ficam interessantes na linha 6. Safari 5 e Google Chrome 5 implementam parcialmente o tipo color. Estes navegadores suportam o campo, mas não exibem um *widget* de cor. Continuamos com um campo de texto na página. Em nosso método de detecção, especificamos o valor do campo de entrada e verificamos se ele permanece. Se não, podemos assumir que o navegador tenha implementado um seletor de cor, pois o campo de entrada não se comporta como uma caixa de texto.

A porção de código é:

▌ html5forms/index.html
```
if (!hasColorSupport()){
  $('input[type=color]').simpleColor();
}
```

Esta solução funciona, mas é frágil. A solução foca um específico conjunto de navegadores e apenas para o controle de cor. Outros controles têm suas próprias peculiaridades, que precisamos conhecer. Felizmente, há uma solução de compatibilização.

Modernizr

A biblioteca Modernizr[2] é capaz de detectar suporte para muitas das facilidades de HMTL5 e CSS3. Esta biblioteca não adiciona a funcionalidade não suportada, mas provê vários mecanismos similares à solução que implementamos para a detecção de campos e que são mais robustas.

---
2 http://www.modernizr.com/

Antes de começarmos a usar Modernizr em projetos, devemos nos assegurar de que seu funcionamento ficou bem entendido. Quer tenhamos escrito nosso próprio código ou não, o uso desta biblioteca em um projeto é nossa responsabilidade. Modernizr não está pronta para tratar imediatamente do suporte parcial de Safari ao campo de cor. No lançamento da próxima versão de Chrome ou de Firefox, pode ser que tenhamos de elaborar uma solução. Quem sabe, talvez o leitor possa contribuir com uma solução a Modernizr!

Implementamos soluções de compatibilização para controles como o seletor de data (*date picker*) e o controle deslizante (*slider*). Estes dois controles são incluídos como componentes da biblioteca UI de jQuery[3]. Podemos incluir a biblioteca UI de jQuery em uma página e detectar se o navegador suporta o controle em questão; se não suportar, aplicamos a versão JavaScript.

Em algum momento, poderemos remover os controle JavaScript e contar somente com os controles no navegador. Devido à complexidade da detecção destes tipos, Modernizr nos será muito útil. No entanto, no restante do livro, continuaremos a escrever nossas próprias técnicas de detecção para que aprendamos como funcionam.

Além de novos tipos de campos de formulários, HTML5 introduz alguns outros atributos para campos de formulários, que podem auxiliar no aumento da usabilidade. A seguir, examinemos autofocus.

4 Direto ao Primeiro Campo com Autofocus

Podemos, de fato, acelerar a entrada de dados se, no carregamento da página, posicionarmos o cursor sobre o primeiro campo no formulário. Muitos mecanismos de busca fazem isto via JavaScript; agora, HTML5 provê esta capacidade como parte da linguagem.

Tudo o que precisamos fazer é adicionar o atributo autofocus a qualquer campo de formulário, como já fizemos na página de perfil construída na seção *Descrição de Dados com Novos Campos de Entrada*.

---

[3] http://jqueryui.com/

▌ html5forms/index.html
```
<label for="name">Nome</label>
<input type="text" name="name" autofocus id="name">
```

Para funcionamento confiável, podemos ter apenas um atributo autofocus em uma página. Se tivermos mais de um, o navegador focará o cursor do usuário no último campo de formulário com o atributo autofocus.

Compatibilização

Podemos detectar a presença do atributo autofocus com um pouco de JavaScript e usar jQuery para focar o elemento, caso o navegador não tenha suporte a autofocus. Esta é, provavelmente, a solução de compatibilização mais simples que podemos encontrar:

▌ html5forms/autofocus.js
```
function hasAutofocus() {
  var element = document.createElement('input' );
  return 'autofocus' in element;
}
$(function(){
  if(!hasAutofocus()){
    $('input[autofocus=true]' ).focus();
  }
});
```

Basta incluir esta porção de JavaScript na página e teremos suporte a autofocus onde for necessário.

Autofocus torna as coisas um pouco mais fáceis para o usuário começar a utilizar o formulário após o carregamento do mesmo; contudo, podemos querer dar ao usuário um pouco mais de detalhes sobre o tipo de informação que solicitamos dele. Examinemos, a seguir, o atributo placeholder.

5 Provimento de Sugestões com Texto em Alocador de Lugar

Um texto em alocador de lugar (*placeholder text*) instrui o usuário sobre como preencher os campos. Um formulário de abertura de conta com texto em alocadores de lugar é ilustrado na Figura 3.2. A seguir, construamos este formulário.

Simples Formulário de Abertura de Conta

O *site* de suporte de EspetaculoSA requer que usuários tenham uma conta; um dos maiores problemas em *sites* que exigem uma conta é que usuários insistem em prover senhas inseguras. Usemos texto em alocadores de lugar (*placeholder text*) para guiar os usuários quanto aos requisitos de senhas. Por uma questão de consistência, adicionaremos texto em alocador de lugar também para os outros campos.

Para adicionar texto em alocadores de lugar, basta adicionar o atributo placeholder a cada campo de entrada:

▌ html5placeholdertext/index.html
```
<input id="email" type="email"
       name="email" placeholder="user@example.com" >
```

A marcação completa para o formulário com texto em alocador de lugar para cada campo é:

▌ html5placeholdertext/index.html
```
<form id="create_account" action="/signup" method="post">
  <fieldset id="signup">
   <legend>Criação de Conta</legend>
   <ol>
    <li>
      <label for="first_name">Nome</label>
      <input id="first_name" type="text"
             autofocus="true"
```

```
              name="first_name" placeholder="'Pedro'" >
    </li>
   <li>
      <label for="last_name">Sobrenome</label>
      <input id="last_name" type="text"
              name="last_name" placeholder="'Pedreira'" >
    </li>
  <li>
  <label for="email">Email</label>
```

Figura 3.2:
Texto em alocadores de lugar
podem ajudar usuários a entender
o que desejamos que façam.

```
  <input id="email" type="email"
        name="email" placeholder="usuario@exemplo.com" >
</li>
 <li>
    <label for="password">Senha</label>
    <input id="password" type="password"
name="password" value=""
autocomplete="off" placeholder="8-10 caracteres" />
  </li>
<li>
<label for="password_confirmation">Confirmação de
```

```
Senha</label>
<input id="password_confirmation" type="password"
       name="password_confirmation" value=""
       autocomplete="off" placeholder="Repita a
senha" />
    </li>
  <li><input type="submit" value="Sign Up"></li>
  </ol>
 </fieldset>
</form>
```

Como Evitar Preenchimento Automático

No formulário anterior, adicionamos o atributo autocomplete aos campos de senha. HTML5 introduz um atributo autocomplete que informa os navegadores para não tentarem preencher o campo automaticamente com dados. Alguns navegadores registram dados fornecidos anteriormente pelos usuários e, em alguns casos, queremos dizer aos navegadores que não desejamos que façam isto.

Como, mais uma vez, usamos o elemento lista ordenada para guardar os campos de formulário, adicionemos um pouco de CSS básico para melhorar a aparência do formulário.

```
html5placeholdertext/style.css
fieldset{
  width: 216px;
}
fieldset ol{
   list-style: none;
   padding:0;
   margin:2px;
}
fieldset ol li{
   margin:0 0 9px 0;
   padding:0;
}
```

```
/* Faz com que entradas sejam feitas em suas próprias
linhas */
  fieldset input{
    display:block;
}
```

Com isto, usuários de Safari, Opera e Chrome passam a ter textos de ajuda no interior dos campos de formulário. Façamos o mesmo para Firefox e Internet Explorer.

Compatibilização

Podemos usar JavaScript para adicionar texto em alocadores de lugar em campos de formulários sem muito esforço. Podemos testar o valor de cada campo de formulário e, se estiver vazio, podemos especificar seu valor como sendo o do placeholder. Quando o foco estiver sobre o formulário, limpamos o valor; quando o foco deixar o formulário, testamos o valor novamente. Se for diferente, nada fazemos; se estiver vazio, vamos substituí-lo pelo texto no placeholder.

Testamos suporte a placeholder da mesma forma que fizemos com suporte a autofocus.

```
html5placeholdertext/index.html
function hasPlaceholderSupport() {
  var i = document.createElement('input');
  return 'placeholder' in i;
}
```

Agora, escrevemos uma porção de JavaScript para tratar das alterações. Para esta tarefa, usaremos uma solução baseada no trabalho de Andrew January[4] e de outros. Preencheremos os valores de todos os campos de formulário com texto armazenado no atributo placeholder. Quando um usuário seleciona um campo, removemos o texto que colocamos neste campo. Embrulhemos isto em um *plug-in* jQuery, de modo que seja simples aplicar o comportamento a nosso

---

[4] O script original encontra-se em http://www.morethannothing.co.uk/wp-content/uploads/2010/01/placeholder.js, mas não suporta campos de senha em IE.

Capítulo 3 ‹ Criação de Formulários de *Web* Amigáveis › 55

formulário. A nota "*Plug-ins* jQuery" mais adiante explicará o funcionamento deste *plug-in*.

▌ html5placeholdertext/jquery.placeholder.js
```
Linha     1  (function($){

          $.fn.placeholder = function(){

     5       function valueIsPlaceholder(input){
                return ($(input).val() == $(input).attr("placeholder" ));
             }
             return this.each(function() {

    10          $(this).find(":input" ).each(function(){

                   if($(this).attr("type") == "password" ){

                      var new_field = $("<input type='text'>" );
    15                new_field.attr("rel", $(this).attr("id" ));
                      new_field.attr("value", $(this).attr("placeholder" ));
                      $(this).parent().append(new_field);
                      new_field.hide();

    20                function showPasswordPlaceHolder(input){
                         if( $(input).val() == "" || valueIsPlaceholder(input) ){
                            $(input).hide();
                            $('input[rel=' + $(input).attr("id") + ']' ).show();
                         };
    25                };

                      new_field.focus(function(){
                         $(this).hide();
                         $('input#' + $(this).attr("rel" )).show().
```

```
                focus();
30      });
-
-           $(this).blur(function(){
-               showPasswordPlaceHolder(this, false);
-           });
35
-               showPasswordPlaceHolder(this);
-
-       }else{
-
40              // Substitui o valor pelo texto no place holder.
-               // parâmetro opcional de recarregamento resolve valores
-               // de caching em campos em FF e IE.
-               function showPlaceholder(input, reload){
-                   if( $(input).val() == "" ||
45                  (reload && valueIsPlaceholder(input) ) ){
-                       $(input).val($(input).attr("placeholder" ));
-                   }
-               };
-
50          $(this).focus(function(){
-               if($(this).val() == $(this).attr("placeholder" )){
-                   $(this).val("" );
-               };
-           });
55
-           $(this).blur(function(){
-               showPlaceholder($(this), false)
-           });
-
60
-               showPlaceholder(this, true);
-           };
```

```
-            });
-
65           // Evita que formulário submeta valores default
-            $(this).submit(function(){
-              $(this).find(":input" ).each(function(){
-                if($(this).val() == $(this).attr("placeholder" )){
-                  $(this).val("" );
70 }
- });
- });
-
- });
75 };
-
- })(jQuery);
```

Vale a pena ressaltar algumas coisas neste *plug-in*. Na linha 45, recarregamos o texto no placeholder nos campos caso estes não tenham valores e, também, caso a página seja atualizada. Firefox e outros navegadores persistem os valores dos formulários. Especificamos o valor do atributo como placeholder e, certamente, não queremos que este, acidentalmente, se torne o verdadeiro valor do usuário. Quando carregamos a página, passamos true a este método, como na linha 61.

Plug-ins jQuery

Podemos estender jQuery escrevendo nossos próprios *plug-ins*. Adicionamos nossos métodos à função jQuery e nosso *plug-in* se torna disponível a qualquer desenvolvedor que inclua nossa biblioteca. Aqui está um exemplo trivial que exibe uma caixa de aviso de JavaScript:

```
jQuery.fn.debug = function() {
  return this.each(function(){
    alert(this.html());
  });
```

Se desejarmos que uma caixa *pop-up* apareça para cada parágrafo na página, devemos fazer esta chamada:

```
$("p").debug();
```

Plug-ins jQuery são projetados para iterar em uma coleção de objetos jQuery e retornam esta coleção de objetos de modo que possamos encadeá-los. Por exemplo, como nosso *plug-in* debug também retorna a coleção jQuery, podemos usar o método CSS de jQuery para mudar a cor do texto nestes parágrafos, tudo em uma linha:

```
$("p").debug().css("color" , "red");
```

Faremos uso de *plug-ins* jQuery algumas vezes ao longo do livro para nos ajudar a manter o código organizado ao criarmos uma solução de compatibilização. O *site* de documentação de jQuery* dá mais informação sobre o tema.

* http://docs.jquery.com/Plugins/Authoring

• •

Campos de senha (*password*) têm comportamento um pouco diferente dos campos de formulário, de modo que devemos tratá-los de modo diferente. Examinemos a linha 12. Detectamos a presença de um campo de senha e, para que o valor não apareça mascarado por asteriscos, devemos alterar seu tipo para campo de texto comum. Alguns navegadores indicam erro se tentarmos converter campos de senha; assim, devemos trocar o campo de senha por um campo de texto. Trocamos estes campos várias vezes à medida que o usuário interage com eles.

Este truque altera os valores nos formulários e, provavelmente, desejamos evitar que os placeholders voltem ao servidor. Como mexemos neste código de placeholder somente quando JavaScript está habilitado, podemos usá-lo para inspecionar a submissão do fomrulario e retirar qualquer valor que case o texto no placeholder. Na linha 66, capturamos a submissão do formulário e limpamos o valor de qualquer campo que seja igual ao valor do placeholder.

Agora que tudo isto está escrito como um *plug-in*, podemos invocá-lo na página adicionando-o ao formulário da seguinte maneira:

Capítulo 3 ◂ Criação de Formulários de *Web* Amigáveis ▸ 59

▌ html5placeholdertext/index.html
```
$(function(){
  function hasPlaceholderSupport() {
    var i = document.createElement('input' );
    return 'placeholder' in i;
  }
  if(!hasPlaceholderSupport()){
    $("#create_account" ).placeholder();
    //FIM compatibilização_ placeholder
    $('input[autofocus=true]' ).focus();
  };
});
```

Com isto, temos uma solução bem decente para tornar texto em alocadores de lugar uma opção viável para aplicações de *web*, independentemente do navegador que venha a ser usado.

6 Edição Local com contenteditable

Sempre buscamos formas de facilitar a interação das pessoas com nossas aplicações. Às vezes, desejamos que um usuário utilize nosso *site* para editar informações pessoais sem ter de navegar em um formulário diferente. Tradicionalmente, para implementar edição local, observamos as regiões para detectar cliques e substituímos aquelas que recebem cliques por campos de texto, que enviam o texto modificado de volta ao servido via Ajax. O *tag* contenteditable de HTML5 cuida automaticamente da parte de entrada de dados. Ainda é preciso que escrevamos algum JavaScript para enviar os dados ao servidor, para serem salvos; todavia, não é mais necessário criar e alternar formulários ocultos.

Um dos atuais projetos da empresa EspetaculoSA permite que usuários revejam seus perfis de conta, exibindo nome, cidade, estado, código postal e endereço de *e-mail*. Adicionemos alguma facilidade de edição local a esta página de perfil de modo a obter uma interface como a mostrada na Figura 3.3.

60 ◂ HTML5 e CSS3 ▸

Antes de iniciarmos, vale salientar que introduzir uma facilidade que depende de JavaScript sem, primeiro, implementar uma solução no lado servidor vai contra todos os preceitos relativos à construção de aplicações de *web* acessíveis. Contudo, faremos justamente isto para poder focar as propriedades do atributo contenteditable e, de toda forma, *este não é um código de produção*. É bom repetir que devemos *sempre* construir a solução que não requeira JavaScript e, *a seguir*, a versão que depende de scripts; por fim, devemos escrever testes automatizados para as duas rotas, pois é mais provável que consigamos identificar *bugs* se alterarmos uma versão e não a outra.

Formulário de Perfil

HTML5 introduz o atributo contenteditable, disponível em quase todos os elementos. A simples adição deste atributo transforma o elemento em um campo que pode ser editado.

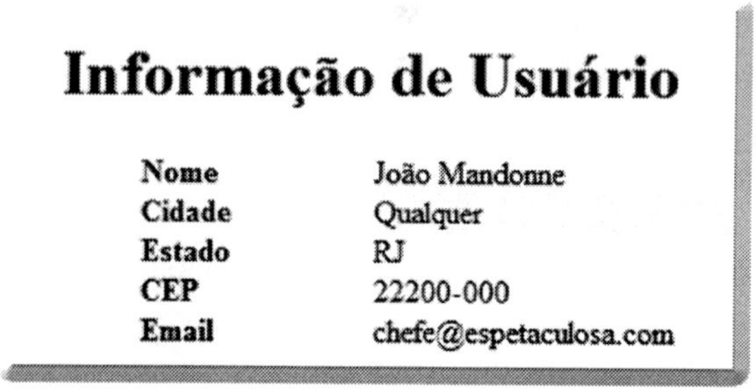

Informação de Usuário

Nome	João Mandonne
Cidade	Qualquer
Estado	RJ
CEP	22200-000
Email	chefe@espetaculosa.com

Figura 3.3:
Edição local facilitada.

```
html5_content_editable/show.html
<h1>Informação de usuário</h1>
<div id="status"></div>
<ul>
  <li>
   <b>Nome</b>
   <span id="name" contenteditable="true">João Man-
donne</span>
  </li>
<li>
   <b>City</b>
   <span id="city" contenteditable="true">Qualquer</
```

Capítulo 3 ◄ Criação de Formulários de *Web* Amigáveis ► 61

```
span>
    </li>
  <li>
     <b>Estado</b>
     <span id="state" contenteditable="true">RJ</span>
    </li>
  <li>
     <b>CEP</b>
     <span id="postal_code" contenteditable="true">22200-000</span>
    </li>
  <li>
     <b>Email</b>
     <span id="email" contenteditable="true">chefe@espetaculosa.com</span>
    </li>
</ul>
```

Podemos aplicar estilo a isto com CSS. Usemos alguns seletores CSS3 para identificar os campos que podem ser editados e fazer com que a cor dos mesmos mude quando o usuário passar o cursor sobre eles ou selecioná-los:

▌ html5_content_editable/show.html
```
Linha   1  ul{list-style:none;}
    -
    -  li{clear:both;}
    -
    5  li>b, li>span{
    -     display: block;
    -     float: left;
    -     width: 100px;
    -  }
   10
    -  li>span{
    -     width:500px;
    -     margin-left: 20px;
```

```
-   }
15
-   li>span[contenteditable=true]:hover{
-       background-color: #ffc;
-   }
-
20  li>span[contenteditable=true]:focus{
-       background-color: #ffa;
-       border: 1px shaded #000;
-   }
```

Isto completa a interface (*front end*). Usuários podem modificar os dados na página com facilidade. Agora, é preciso salvá-los.

Persistência de Dados

Embora usuários possam alterar dados, estas alterações serão perdidas caso se atualize a página ou saia dela. Precisamos de um modo para submeter as alterações ao servidor (*back end*); podemos fazer isto facilmente com jQuery. Para quem tem familiaridade com Ajax, nada disto é novidade.

▌html5_content_editable/show.html
```
$(function(){
    var status = $("#status" );
    $("span[contenteditable=true]" ).blur(function(){
        var field = $(this).attr("id" );
        var value = $(this).text();
        $.post("http://localhost:4567/users/1" ,
            field + "=" + value,
            function(data){
                status.text(data);
            }
        );
    });
});
```

Adicionaremos um auditor de evento (*event listener*) a cada *span* na página que tenha o atributo contenteditable especificado como true. Assim, tudo o que temos a fazer é submeter os dados ao script do lado servidor.

Compatibilização

Fizemos muitas coisas que não funcionarão para alguns dos leitores. Primeiro, criamos uma dependência a JavaScript para salvar os resultados editados no servidor, o que é algo ruim. Segundo, usamos a pseudoclasse focus para ressaltar os campos quando recebem foco, o que não é suportado por algumas versões de IE. Cuidemos da funcionalidade e, depois, trataremos dos efeitos visuais.

Criação de uma Página de Edição

Em vez de nos preocuparmos em demasia com diversas situações que podem impedir que um usuário utilize nossa técnica, busquemos dar a ele a opção de ir a uma página separada com seu próprio formulário. Sem dúvida, isto representa mais códigos; todavia, imaginemos os cenários possíveis:

- Um usuário não tem JavaScript habilitado e usa Internet Explorer 7.
- Um usuário não tem um navegador compatível com HTML5.
- Um usuário utiliza a versão mais recente de Firefox com suporte a HTML5, mas tem JavaScript desabilitado simplesmente por não gostar de JavaScript (isto acontece a toda hora... mais do que podemos imaginar).

Em resumo, a criação de um formulário que efetue um POST à mesma ação que manipulou a atualização Ajax faz todo o sentido. Como isto é feito, depende de cada um de nós, mas muitas plataformas permitem que detectemos o tipo de solicitação por exame dos cabeçalhos accept para determinar se a solicitação veio de um POST regular ou de um XMLHttpRequest. Com isto, mantemos o código de lado servidor DRY[5]. Ocultaremos o *link* para este formulário, caso o navegador suporte contenteditable e JavaScript.

Assim, criemos uma nova pagina, chamada edit.htlm, e codifiquemos um

---

[5] DRY significa "Don't Repeat Yourself" [Não seja repetitivo]; este termo foi cunhado por Dave Thomas e Andy Hunt em The Pragmatic Programmer [HT00]. [Publicado no Brasil como "O Programador Pragmático - de Aprendiz a Mestre", Bookman, 2010 (N.T.)].

64 ◂ HTML5 e CSS3 ▸

formulário padrão que poste à mesma ação de atualização usada por nossa versão de Ajax.

```
html5_content_editable/edit.html
<!DOCTYPE html>
<html lang="en-US">
   <head>
      <meta http-equiv="Content-Type" content="text/html; charset=utf-8" />
      <title>Edição de Perfil</title>
      <link href="style.css" rel="stylesheet" media="screen">
   </head>
   <body>
      <form action="/users/1" method="post" accept-charset="utf-8">
         <fieldset id="your_information">
            <legend>Sua Informação</legend>
            <ol>
            <li>
               <label for="name">Seu Nome</label>
               <input type="text" name="name" value="" id="name">
            </li>
            <li>
               <label for="city">Cidade</label>
               <input type="text" name="city" value="" id="city">
            </li>
            <li>
               <label for="state">Estado</label>
               <input type="text" name="state" value="" id="state">
            </li>
            <li>
               <label for="postal_code">CEP</label>
               <input type="text" name="postal_code" value="" id="postal_code">
```

Capítulo 3 ◀ Criação de Formulários de *Web* Amigáveis ▶ 65

```
    </li>
  <li>
    <label for="email">Email</label>
    <input type="email" name="email" value=""
id="email">
  </li>
  </ol>
    </fieldset>
    <p><input type="submit" value="Save"></p>
  </form>
  </body>
</html>
```

A seguir, em show.html, adicionemos um *link* a esta página.

▌ html5_content_editable/show.html
```
<h1>Informação de usuário</h1>
  <section id="edit_profile_link">
    <p><a href="edit.html">Edite Seu Perfil</a></p>
  </section>
<div id="status"></div>
```

Uma vez adicionado o *link*, basta que modifiquemos um pouco nosso script. Queremos ocultar o *link* à página de edição e habilitar suporte de Ajax somente se tivermos suporte para conteúdo que pode ser editado.

▌ html5_content_editable/show.html
```
    if(document.getElementById("edit_profile_link"
).contentEditable != null){
```

Com a detecção no lugar, nosso script ficou assim:

▌ html5_content_editable/show.html
```
  $(function(){
    if(document.getElementById("edit_profile_link"
).contentEditable != null){
    $("#edit_profile_link" ).hide();
    var status = $("#status" );
```

```
$("span[contenteditable=true]" ).blur(function(){
    var field = $(this).attr("id" );
    var value = $(this).text();
    $.post("http://localhost:4567/users/1" ,
    field + "=" + value,
    function(data){
    status.text(data);
    }
    );
});
}
});
```

Agora, nossos usuários têm a capacidade de usar uma interface padrão ou um modo "local" mais rápido. Uma vez que aprendemos como implementar isto, devemos nos lembrar de, primeiro, implementar a solução de compatibilização. Diferentemente das outras soluções de compatibilização, esta reduz funcionalidade se não for implementada.

Futuro

Por enquanto, se adicionarmos um seletor de data baseado em JavaScript a nosso *site*, os usuários terão de aprender como ele funciona. Quem já comprou passagens aéreas ou fez reservas de hotel *online* está familiarizado com diferentes implementações de controles de formulários personalizados em *sites*. É como usar um caixa eletrônico - a interface pode ser tão diferente a ponto de exigir mais atenção de nossa parte.

Imaginemos como seria se cada *website* usasse o campo date de HTML5 e o navegador tivesse de criar a interface. Todos os *sites* exibiriam o mesmo seletor de data. Um *software* de leitura de tela poderia até implementar um mecanismo padrão para permitir que cegos inserissem a data com facilidade. Agora, imaginemos quão úteis placeholder text e autofocus serão quando estiverem em toda parte. Placeholder text pode ajudar leitores de tela a explicar aos usuários como campos de formulários devem funcionar e autofocus ajudaria as pessoas a navegarem com mais facilidade sem um mouse, o que é interessante para cegos e para usuários com dificuldades motoras que não conseguem usar o mouse.

A capacidade de desenvolvedores em transformar qualquer elemento em uma região que pode ser editada em muito facilita a edição local, mas pode alterar a forma como construímos interfaces para sistemas de gerenciamento de conteúdo.

A *web* moderna diz respeito à interatividade, da qual formulários são uma parte essencial. Os avanços providos por HTML5 nos dão todo um novo conjunto de ferramentas que podemos empregar para ajudar nossos usuários.

Criação de Melhores Interfaces de Usuário com CSS3

Capítulo 4

Há muito tempo, nós, desenvolvedores, temos quebrado a cabeça com CSS para obter os efeitos desejados em nossos códigos. Usamos JavaScript ou código do lado servidor para ressaltar linhas em tabelas, colocar efeitos de focagem ou desfocagem em formulários. Tivemos de poluir *tags* com atributos de classe adicionais, de modo que pudéssemos determinar a qual das cinquenta entradas de formulário desejávamos aplicar estilo.

Isto é passado! CSS3 tem alguns notáveis seletores que tornam esta tarefa trivial. Para quem não se lembra, seletor é um padrão que usamos para ajudar a encontrar elementos no documento HTML, de modo que possamos aplicar estilo aos mesmos. Usemos estes novos seletores para aplicar estilo a uma tabela. A seguir, examinemos como podemos usar outras facilidades CSS3 para melhorar as folhas de estilo de impressão de nosso *site*, e dividamos o conteúdo em múltiplas colunas.

Exploraremos estas facilidades de CSS neste capítulo[1]:

:nth-of-type [p:nth-of-type(2n+1){color: red;}]
Determina todos os n elementos de um certo tipo. *[C2, F3.5, S3, IE9, O9.5, IOS3, A2]*

:first-child [p:first-child{color:blue;}]
Determina o primeiro elemento derivado ou descendente (*child element*). *[C2, F3.5, S3, IE9, O9.5, IOS3, A2]*

:nth-child [p:nth-child(2n+1){color: red;}]
Determina um particular elemento descendente em contagem progressiva. *[C2, F3.5, S3, IE9, O9.5, IOS3, A2]*

:last-child [p:last-child{color:blue;}]
Determina o último elemento descendente. *[C2, F3.5, S3, IE9, O9.5,*

---

1 Na descrição a seguir, o suporte do navegador é mostrado entre colchetes, segundo um código conciso e a versão mais antiga suportada. Os códigos usados são: *C:* Google Chrome; *F:* Firefox; *IE:* Internet Explorer; *O:* Opera; *S:* Safari; *IOS:* dispositivos iOS com Mobile Safari; *A:* Android Browser.

IOS3, A2]
:nth-last-child [p:nth-last-child(2){color: red;}]
Determina um particular elemento descendente em contagem regressiva.
[C2, F3.5, S3, IE9, O9.5, IOS3, A2]

:first-of-type [p:first-of-type{color:blue;}]
Determina o primeiro elemento do dado tipo. *[C2, F3.5, S3, IE9, O9.5, IOS3, A2]*

:last-of-type [p:last-of-type{color:blue;}]
Determina o último elemento do dado tipo. *[C2, F3.5, S3, IE9, O9.5, IOS3, A2]*

Suporte a colunas [#content{ column-count: 2; column-gap: 20px; column-rule: 1px solid #ddccb5; }]
Divide uma área de conteúdo em múltiplas colunas. *[C2, F3.5, S3, O9.5, IOS3, A2]*

:after [span.weight:after { content: "lbs"; color: #bbb; }]
Usado com conteúdo para inserir conteúdo após o elemento especificado.
[C2, F3.5, S3, IE8, O9.5, IOS3, A2]

Consulta a mídia [media="only all and (max-width: 480)"]
Aplica estilos com base em especificações de dispositivo. *[C3, F3.5, S4, IE9, O10.1, IOS3, A2]*

7 Aplicação de Estilo a Tabelas com Pseudoclasses

Em CSS, uma *pseudoclasse* é uma forma de selecionar elementos com base em informação que reside fora do documento ou não pode ser expressa com o uso de seletores normais. É provável que o leitor já tenha utilizado pseudoclasses como :hover para alterar a cor de um *link* quando o usuário passar o cursor sobre o mesmo. CSS3 tem diversas novas pseudoclasses que muito facilitam a localização de elementos.

Aprimoramento de Faturas

EspetaculoSA utiliza um sistema terceirizado de cobrança e emissão de faturas para os produtos que vende. Um dos maiores mercados de EspetaculoSA é o de brindes para conferências, como canetas, copos, camisas e qualquer coisa em que seja possível imprimir a marca da companhia. A empresa deseja que as faturas sejam mais legíveis. No momento, os desenvolvedores produzem uma tabela padrão de HTML com a aparência ilustrada na Figura 4.1.

A fatura tem uma estrutura típica, com preços, quantidades, totais brutos, um subtotal, custo de frete e o custo total do pedido. A leitura da fatura seria mais fácil se cada linha tivesse uma cor diferente. Também ajudaria se o total final tivesse uma cor distinta, de modo que ficasse ressaltado.

O código para a tabela é como mostrado a seguir. O leitor pode copiá-lo, salvá-lo em um arquivo e utilizá-lo.

```
css3advancedselectors/table.html
<table >
<tr>
  <th>Item</th>
  <th>Preço</th>
  <th>Quantidade</th>
  <th>Total</th>
</tr>
<tr>
  <td>Xícara de café</td>
  <td>R$10,00</td>
  <td>5</td>
  <td>R$50,00</td>
</tr>
<tr>
  <td>Camisa polo</td>
  <td>R$20,00</td>
  <td>5</td>
```

72 ‹ HTML5 e CSS3 ›

Item	Preço	Quantidade	Total
Xícara de café	R$10,00	5	R$50,00
Camisa polo	R$20,00	5	R$100,00
Grampeador vermelho	R$90,00	4	R$36,00
Subtotal			R$186,00
Frete			R$112,00
Total Devido			R$198,00

*Figura 4.1:
Fatura atual em
tabela HTML
sem estilo.*

```
    <td>R$100,00</td>
  </tr>
  <tr>
    <td>Grampeador vermelho</td>
    <td>R$9,00</td>
    <td>4</td>
    <td>R$36,00</td>
  </tr>
  <tr>
    <td colspan="3">Subtotal</td>
    <td>R$186,00</td>
  </tr>
  <tr>
    <td colspan="3">Frete</td>
    <td>R$12,00</td>
  </tr>
  <tr>
    <td colspan="3">Total Devido</td>
    <td>R$198,00</td>
  </tr>
</table>
```

Primeiro, removamos a feiosa borda *default* da tabela.

▌ `css3advancedselectors/table.css`
```
table{
    width: 600px;
```

Capítulo 4 ◄ Criação de Melhores Interfaces de Usuário com CSS3 ► 73

```
    border-collapse: collapse;
}
th, td{
    border: none;
}
```

Apliquemos estilo ao cabeçalho, usando um fundo preto com letras brancas.

▌ css3advancedselectors/table.css
```
th{
    background-color: #000;
    color: #fff;
}
```

Após aplicação de estilo, a tabela fica com esta aparência:

Item	Preço	Quantidade	Total
Xícara de café	R$10,00	5	R$50,00
Camisa polo	R$20,00	5	R$100,00
Grampeador vermelho	R$90,00	4	R$36,00
Subtotal			R$186,00
Frete			R$112,00
Total Devido			R$198,00

Com a limpeza das bordas e melhora no espaçamento, podemos começar a usar pseudoclasses para aplicar estilo separadamente a cada linha e coluna. Comecemos colorindo as linhas da tabela.

Aplicação de Cor à Linhas com :nth-of-type

A adição de "listas de zebra" às tabelas é algo que todos já vimos. Esta técnica é útil, pois produz linhas horizontais que os usuários podem seguir. A aplicação deste tipo de estilo é mais conveniente em CSS, a camada de apresentação. Tradicionalmente, isto implicava a adição de nomes de classes às linhas da tabela, como "ímpar" ou "par". Não queremos poluir a marcação da tabela desta forma, pois o padrão HTML5 nos encoraja a evitar o uso de nomes de classes que definam apresentação. Com o emprego dos novos seletores, podemos obter o efeito desejado sem alterar a marcação e, de fato, separando apresentação de conteúdo.

O seletor nth-of-type identifica o *n-ésimo* elemento de um tipo específico com base em uma fórmula ou em palavras-chave. Examinaremos a abordagem de fórmula em detalhes mais adiante; contudo, primeiro, foquemos a abordagem de palavras-chave, pois é de entendimento mais imediato.

Desejamos colorir as linhas da tabela alternadamente com uma cor diferente; a forma mais simples de fazer isto consiste em identificar cada linha de ordem par da tabela e dar a ela uma cor de fundo. A seguir, fazemos o mesmo com as linhas de ordem ímpar. CSS3 tem palavras-chave par (*even*) e impar (*odd*) que suportam exatamente esta situação.

```
css3advancedselectors/table.css
tr:nth-of-type(even) {
  background-color: #F3F3F3;
}
tr:nth-of-type(odd) {
  background-color:#ddd;
}
```

Este seletor diz: "Encontrar as linhas de ordem par e as colorir. Depois, encontrar as linhas de orde ímpar e as colorir também." Isto cuida da aplicação das listas zebradas, sem recorrer a qualquer script ou nomes de classes adicionais nas linhas.

Com a aplicação deste estilo, a tabela fica com a seguinte aparência:

Item	Preço	Quantidade	Total
Xícara de café	R$10,00	5	R$50,00
Camisa polo	R$20,00	5	R$100,00
Grampeador vermelho	R$90,00	4	R$36,00
Subtotal			R$186,00
Frete			R$112,00
Total Devido			R$198,00

Agora, tentemos alinhar as colunas nesta tabela.

Alinhamento de Texto de Coluna com :nth-child

Por *default*, todas as colunas na tabela da fatura são alinhadas à esquerda. Alinhemos cada coluna à direita, excluindo a primeira. Assim, as colunas de preço e de quantidade serão alinhadas à direita, facilitando a leitura. Para fazermos isto, podemo usar nth-child [*n-ésimo* derivado]; contudo, primeiro, devemos aprender como isto funciona.

O seletor nth-child busca elementos derivados (ou descendentes) de um elemento e, como o seletor nth-of-type, pode usar palavras-chave ou uma fórmula.

A formula é an+b, em que *b* é o deslocamento (*offset*) e *a* é um fator multiplicativo. Esta descrição não é particularmente útil sem algum contexto; portanto, passemos a examiná-la no contexto da tabela em consideração.

Se quisermos selecionar todas a linhas da tabela, podemos usar este seletor:

```
table tr:nth-child(n)
```

Neste caso, não usamos um fator multiplicativo (a = 1) e também não usamos um deslocamento.

No entanto, se quisermos selecionar todas as linhas da tabela excetuando a primeira, que contém os cabeçalhos das colunas, devemos usar o seguinte seletor, que emprega um deslocamento:

```
table tr:nth-child(n+2)
```

Se quisermos selecionar linhas alternadamente, usamos um fator multiplicativo de 2, ou:

```
table tr:nth-child(2n)
```

Se quisermos escolher uma de cada três linhas, usamos 3n.

O deslocamento (*offset*) também pode ser usado para iniciar a aplicação de estilo em uma dada posição na tabela. O seguinte seletor busca linhas alternadamente, começando na quarta linha:

```
table tr:nth-child(2n+4)
```

Assim, podemos alinhar todas as colunas, *excetuando* a primeira, com esta regra:

```
css3advancedselectors/table.css
td:nth-child(n+2) {
    text-align: right;
}
```

Com isto, a tabela começa a tomar forma:

Item	Preço	Quantidade	Total
Xícara de café	R$10,00	5	R$50,00
Camisa polo	R$20,00	5	R$100,00
Grampeador vermelho	R$90,00	4	R$36,00
Subtotal			R$186,00
Frete			R$112,00
Total Devido			R$198,00

Agora, apliquemos estilo à última linha da tabela.

Aplicação de Negrito à Última Linha com :last-child

A fatura já está com boa aparência, mas um dos gerentes gostaria que a última linha da tabela fosse realçada das demais por letras em negrito. Para isto, podemos usar o seletor last-child [último derivado ou descendente], que identifica o último descendente em um grupo.

Uma prática comum entre desenvolvedores de *web* é a aplicação de uma margem aos parágrafos, de modo a torná-los uniformemente espaçados. Algumas vezes, isto leva a uma margem adicional no fim de um grupo, o que pode ser indesejável. Por exemplo, se os parágrafos estiverem no interior de uma barra lateral ou caixa de destaque, podemos desejar remover a margem final do último parágrafo para não desperdiçar espaço entre o seu fim e a borda da caixa.

Capítulo 4 ◂ Criação de Melhores Interfaces de Usuário com CSS3 ▸ **77**

O seletor last-child é a ferramenta perfeita para isto. Podemos usá-lo para remover a margem do último parágrafo:

```
p{ margin-bottom: 20px }
   #sidebar p:last-child{ margin-bottom: 0; }
```

Usemos esta técnica para aplicar negrito à última linha:

```
css3advancedselectors/table.css
tr:last-child{
    font-weight: bolder;
}
```

Façamos o mesmo com a última coluna da tabela. Isto ajudará a realçar o total em cada linha.

```
css3advancedselectors/table.css
td:last-child{
    font-weight: bolder;
}
```

Por fim, usemos last-child com seletores de descendentes para aumentar o tamanho da fonte do total. Identifiquemos a última coluna da última linha e apliquemos estilo a ela da seguinte forma:

```
css3advancedselectors/table.css
tr:last-child td:last-child{
    font-size:24px;
}
```

Item	Preço	Quantidade	Total
Xícara de café	R$10,00	5	R$50,00
Camisa polo	R$20,00	5	R$100,00
Grampeador vermelho	R$90,00	4	R$36,00
Subtotal			R$186,00
Frete			R$112,00
Total Devido			R$198,00

Estamos quase terminando, mas ainda há algo que podemos fazer nas três últimas linhas da tabela.

Contagem Regressiva com :nth-last-child

Gostaríamos de ressaltar a linha de frete da tabela quando houver um desconto na taxa de entrega. Usemos nth-last-child para identificar esta linha. Na Seção 7, *Alinhamento de Texto de Coluna com :nth-child*, vimos como usar nth-child e a fórmula an+b para a seleção de elementos descendentes específicos. O seletor nth-last-child funciona exatamente da mesma forma, exceto que conta os descendentes regressivamente a partir do último. Isto facilita a identificação do penúltimo elemento em um grupo. Isto é o que precisamos fazer com nossa tabela de fatura.

Portanto, para identificar a linha correspondente ao frete, usemos este código:

```
css3advancedselectors/table.css
tr:nth-last-child(2){
    color: green;
}
```

Aqui, apenas especificamos um particular descendente, o penúltimo.

Há, ainda, algo que podemos fazer com esta tabela. Já alinhamos as colunas à direita, excluindo a primeira; embora isto esteja bem para as linhas da tabela correspondentes à descrição e preço dos itens, as três últimas linhas parecem um pouco estranhas. Alinhemos estas três linhas à direita também. Podemos fazer isto usando nth-last-child com um valor negativo para *n* e um valor positivo para *a*:

```
css3advancedselectors/table.css
tr:nth-last-child(-n+3) td{
    text-align: right;
}
```

Isto pode ser visto como um seletor de intervalo (*range*)... um deslocamento de 3 é utilizado e, como usamos o seletor nth-last-child, ele seleciona todos os elementos anteriores ao deslocamento. Se usarmos o seletor nth-child, esta fórmula selecionará todas as linhas até o deslocamento.

Com a aplicação deste estilo, nossa tabela, ilustrada na Figura 4.2, assume uma aparência muito melhor; e em nada mudamos a marcação básica. Muitos dos seletores que empregamos para alcançar este resultado ainda não estão disponíveis aos usuários de Internet Explorer, de modo que precisamos fornecer uma alternativa.

Compatibilização

As atuais versões de Opera, Firefox, Safari e Chrome entendem estes seletores, mas as versões 8.0 e anteriores de Internet Explorer os ignoram totalmente. Precisamos de uma boa solução de compatibilização e devemos tomar uma decisão.

Item	Preço	Quantidade	Total
Xícara de café	R$10,00	5	R$50,00
Camisa polo	R$20,00	5	R$100,00
Grampeador vermelho	R$90,00	4	R$36,00
Subtotal			R$186,00
Frete			R$112,00
Total Devido			**R$198,00**

Figura 4.2: Tabela após aplicação de estilo; linhas coloridas e alinhadas exclusivamente com CSS3.

Alterar o Código HTML

A solução mais óbvia, e que funciona em toda parte, consiste em modificar o código básico. Podemos associar classes a todas as células na tabela e aplicar CSS elementar a cada classe. Esta é a pior escolha, pois mistura apresentação e conteúdo; evitar tal coisa é justamente o motivo para usarmos CSS3. Um dia, não precisaremos de toda esta marcação adicional e sua remoção será trabalhosa.

Usar JavaScript

A biblioteca jQuery já entende a maioria dos seletores CSS3 que usamos, de modo que podemos escrever rapidamente um método para aplicar estilo à tabela desta forma, mas há uma forma mais simples.

Keith Clark escreveu uma pequena grande biblioteca chamada IE-CSS3[2] que adiciona suporte a seletores CSS3 a Internet Explorer. Tudo o que precisamos fazer é acrescentar algumas linhas de script à nossa página.

A biblioteca IE-CSS3 pode usar jQuery, Prototype e diversas outras bibliotecas, mas preferimos a biblioteca DOMAssistant[3], pois tem o melhor suporte a todas as pseudoclasses que usamos aqui.

Basta baixar estas duas bibliotecas para utilizá-las em documentos. Como isto se aplica somente a IE, elas podem ser posicionadas em um comentário condicional, de modo que sejam empregadas somente por usuários de IE.

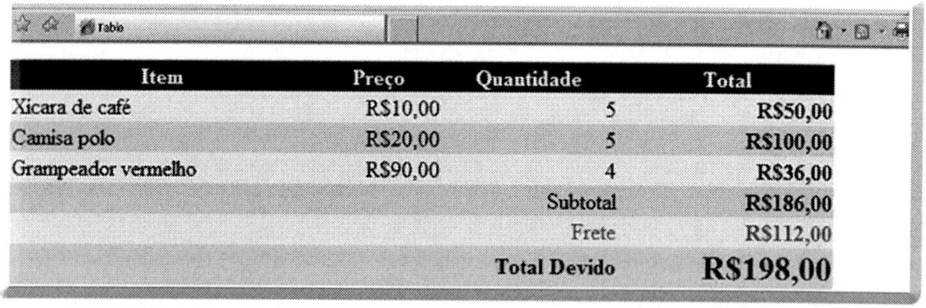

Figure 4.3: Nossa tabela ficou ótima em Internet Explorer.

```
css3advancedselectors/table.html
<!--[if (gte IE 5.5)&(lte IE 8)]>
    <script type="text/javascript"
src="js/DOMAssistantCompressed-2.8.js"></script>
    <script type="text/javascript"
src="js/ie-css3.js"></script>
```

2 http://www.keithclark.co.uk/labs/ie-css3/

3 http://www.domassistant.com/

```
<![endif]-->
```

A inclusão deste script na página faz a coisas ficarem boas em Internet Explorer. A Figura 4.3 mostra o resultado.

Embora isto exija que o usuário tenha JavaScript habilitado, a aplicação de estilo à tabela é feita aqui principalmente para facilitar a visualização do conteúdo. Falta de estilo não impedirá que alguém leia a fatura.

A aplicação de estilo a elementos é muito mais fácil com CSS3, especialmente se não temos a habilidade para modificar o código HTML em questão. Na aplicação de estilo a interfaces, usamos hierarquia semântica e estes novos seletores antes de adicionarmos marcação. Com isto, a manutenção do código fica muito mais simples.

8 Implementação de *Links* Imprimíveis com :after e content

CSS não apenas aplica estilo a elementos existentes, mas também pode injetar conteúdo em um documento. Há alguns casos em que a geração de conteúdo com CSS faz sentido e o mais óbvio é a anexação da URL de um *hiperlink* próximo ao texto do *link* quando o usuário imprime a página. Quando o usuário busca um documento na tela, basta que passe o cursor sobre um *link* e, na barra de status, veja aonde o mesmo leva. No entanto, quando vê a página impressa, não tem ideia de onde foram parar os *links*.

EspetaculoSA está desenvolvendo uma nova página para seus formulários e políticas; um dos membros do comitê de desenvolvimento insiste em imprimir cópias do *site*. Ele gostaria de saber exatamente onde estão todos os *links* na página, de modo que possa determinar se algum precisa ser trocado de lugar. Com um pouco de CSS, podemos adicionar esta funcionalidade, adequada a IE 8, Firefox, Safari e Chrome. Podemos usar uma porção de JavaScript proprietário para que funcione também em IE 6 e 7.

▌ css3_print_links/index.html
```
<ul>
  <li>
    <a href="travel/index.html">Formulário de
```

```
  Autorização de Viagem</a>
  </li>
  <li>
    <a href="travel/expenses.html"> Formulário de Re-
embolso de Despesas de Viagem</a>
  </li>
  <li>
    <a href="travel/guidelines.html">Normas de Via-
gens</a>
  </li>
  </ul>
</body>
```

Se examinarmos uma impressão desta página, não teremos ideia sobre aonde levam estes *links*. Corrijamos isto.

CSS

Quando adicionamos uma folha de estilo a uma página, podemos especificar o tipo de mídia a que se aplica o estilo. Na maioria das vezes, usamos o tipo screen [tela]. Contudo, podemos usar o tipo print [impressão] para definir uma folha de estilo que é **carregada somente quando a página é impressa** (ou quando o usuário utiliza a função de visualização da impressão).

▪ css3_print_links/index.html
```
    <link rel="stylesheet" href="print.css" type="text/
css" media="print">
```

Podemos, então, criar um arquivo de folha de estilo print.css com esta regra simples:

▪ css3_print_links/print.css
```
a:after {
  content: " (" attr(href) ") ";
}
```

Isto torna cada *link* uma página e, após o seu texto, adiciona o valor do href entre parênteses. Quando imprimimos a página a partir de um navegador moderno, obtemos o seguinte:

Formulários e Políticas

- Formulário de Autorização de Viagem (travel/index.html)
- Formulário de Reembolso de Despesas de Viagem (travel/expenses.html)
- Normas de Viagens (travel/guidelines.html)

Se quisermos ver o script em ação sem gastar papel, podemos usar a facilidade de Visualização de Impressão do navegador, que também dispara esta folha de estilo.

Isto resolve tudo, exceto para Internet Explorer 6 e 7. Corrijamos.

Internet Explorer tem alguns eventos JavaScript que todos os navegadores deveriam adotar: onbeforeprint e onafterprint. Usando estes eventos, podemos modificar o texto do *hiperlink* quando o mesmo é impresso. Os usuários jamais notarão a diferença.[4]

Precisamos apenas criar um arquivo chamado print.js e a ele adicionar este código:

```
css3_print_links/print.js
Linha    1 $(function() {
    -        if (window.onbeforeprint !== undefined) {
    -            window.onbeforeprint = ShowLinks;
    -            window.onafterprint = HideLinks;
    5    }
    -  });
    -
    -  function ShowLinks() {
    -      $("a" ).each(function() {
   10         $(this).data("linkText", $(this).text());
    -         $(this).append(" (" + $(this).attr("href") + ")"
```

[4] Esta técnica é muito bem delineada em http://beckelman.net/post/2009/02/16/Use-jQuery-to-Show-a-Linke28099s-Address-After-its-Text-When-Printing-In-IE6-and-IE7.aspx.

84 ◂ HTML5 e CSS3 ▸

```
    );
-   });
-  }
-
15 function HideLinks() {
-    $("a" ).each(function() {
-      $(this).text($(this).data("linkText" ));
-    });
-  }
```

Agora, basta anexá-lo à nossa página. Esta solução de compatibilização é para ser usada somente com IE 6 e 7, de modo que usaremos um comentário condicional. Este código depende de jQuery; portanto, devemos nos assegurar de que a biblioteca jQuery esteja habilitada.

▎ css3_print_links/index.html
```
    <script
      charset="utf-8"
      src='http://ajax.googleapis.com/ajax/libs/jquery/1.4.2/jquery.min.js'
      type='text/javascript'>
    </script>
    <!--[if lte IE 7]>
    <script type="text/javascript" src="print.js"></script>
    <![endif]-->
    </head>
    <body>
        <h1>Formulários e Plotíticas</h1>
      <ul>
      <li>
         <a href="travel/index.html">Formulário de Autorização de Viagem</a>
      </li>
      <li>
<a href="travel/expenses.html">Formulário de Reembolso de Despesas de Viagem</a>
```

Capítulo 4 ◂ Criação de Melhores Interfaces de Usuário com CSS3 ▸ 85

```
      </li>
      <li>
         <a href="travel/guidelines.html"> Normas de
Viagens</a>
      </li>
   </ul>
```

Com a inclusão de JavaScript, as URLs dos *links* serão impressas em todos os navegadores que almejamos. Esta folha de estilo de impressão pode ser usada como base para algo mais sofisticado; podemos aplicar este comportamento a apenas alguns *links* no *site*, em vez de fazê-lo a todos, como neste exemplo.

9 Criação de *Layouts* de Múltiplas Colunas

Editoras usam colunas há anos, e *designers* de *web* sempre olharam as publicações com certa inveja. Colunas estritas facilitam a leitura do conteúdo; com o crescente aumento de tamanho de monitores, desenvolvedores buscam maneiras de preservar larguras confortáveis para colunas. Afinal, ninguém gosta de seguir múltiplas linhas de texto ao longo do monitor, assim como ninguém gosta de linhas de texto que ocupam toda uma página de jornal. Nos últimos dez anos, surgiram soluções bem interessantes, mas nenhuma é tão simples como o método fornecido pelo padrão CSS3.

Divisão em Colunas

Mensalmente, EspetaculoSA publica um boletim informativo endereçado a seus funcionários. A companhia utiliza um popular sistema de *e-mail* baseado na *web*. Boletins informativos baseados em *e-mail* não têm bom aspecto e são de difícil manutenção. A companhia decidiu divulgar o boletim informativo pelo *site* da intranet e planeja enviar um *e-mail* aos funcionários com um *link* para abrir o boletim no navegador. A Figura 4.4 mostra um modelo deste boletim.

A nova diretora de comunicação, com experiência na impressão de publicações, decidiu que o boletim deveria ter a aparência de uma verdadeira publicação, com duas colunas.

Quem já tentou dividir texto em várias colunas usando divs e floats sabe quão difícil isto pode se revelar. O primeiro grande obstáculo com que nos deparamos é ter de decidir manualmente onde dividir o texto. Em *softwares* de editoração, como InDesign, podemos "vincular" caixas de texto de modo que, quando alguém as preencher com texto, ele flua para a área de texto vinculada. Por enquanto, nada temos parecido com isto na *web*, embora tenhamos algo que funcione muito bem e seja de uso muito fácil. Podemos tomar um elemento e dividir seu conteúdo em múltiplas colunas, todas com a mesma largura.

Iniciemos a marcação para o boletim. É um HTML muito simples. Como o conteúdo mudará após ser escrito, usemos texto em alocadores de lugar (*placeholders*) para o conteúdo. Não usaremos os novos elementos de marcação de HTML5, como section e outros, para este boletim porque, em Internet Explorer, a solução adotada não é compatível com estes elementos.

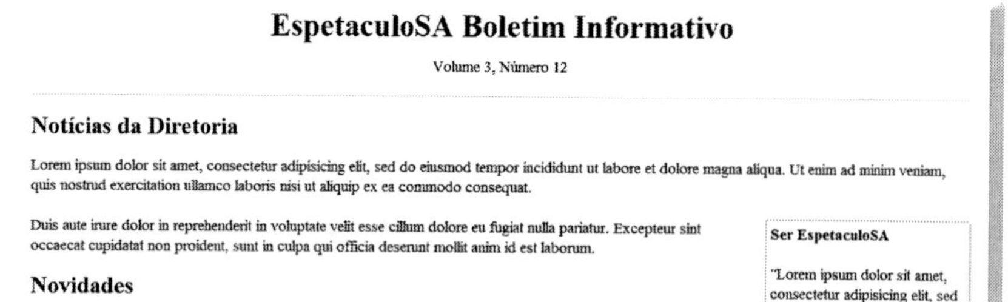

Figura 4.4: Com uma única coluna, a leitura do boletim é mais difícil, devido à grande largura.

Capítulo 4 ◂ Criação de Melhores Interfaces de Usuário com CSS3 ▸ 87

▍ css3columns/condensed_newsletter.html
```html
<body>
   <div id="header">
      <h1>EspetaculoSA Boletim Informativo</h1>
      <p>Volume 3, Número 12</p>
   </div>
   <div id="newsletter">
      <div id="director_news">
       <div>
          <h2>Notícias da Diretoria</h2>
   </div>
   <div>
      <p>
         Lorem ipsum dolor...
      </p>
      <div class="callout">
<h4> Ser EspetaculoSA</h4>
      <p>
         &quot;Lorem ipsum dolor sit amet...&quot;
      </p>
    </div>
     <p>
         Duis aute irure...
     </p>
    </div>
    </div>
   <div id="awesome_bits">
  <div>
     <h2> Novidades de EspetaculoSA</h2>
  </div>
 <div>
<p>
     Lorem ipsum...
</p>
<p>
     Duis aute irure...
```

```
    </p>
      </div>
      </div>
      <div id="birthdays">
      <div>
          <h2>Aniversários</h2>
      </div>
      <div>
   <p>
       Lorem ipsum dolor...
   </p>
   <p>
       Duis aute irure...
   </p>
      </div>
      </div>
      </div>
      <div id="footer">
          <h6>Envie coisas interessantes a
              <a href="mailto:boletim@espetaculosa.com">
boletim@espetaculosa.com </a>.
          </h6>
      </div>
</body>
```

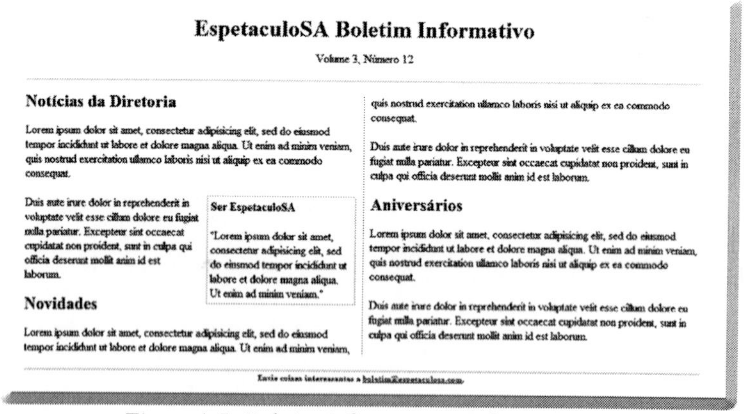

Figura 4.5: Boletim informativo com duas colunas.

Para dividir o texto em duas colunas, tudo o que precisamos fazer é adicionar o seguinte código à folha de estilo:

```
css3columns/newsletter.html
#newsletter{
    -moz-column-count: 2;
    -webkit-column-count: 2;
    -moz-column-gap: 20px;
    -webkit-column-gap: 20px;
    -moz-column-rule: 1px solid #ddccb5;
    -webkit-column-rule: 1px solid #ddccb5;
}
```

Agora, temos algo de melhor aparência, como mostrado na Figura 4.5. Podemos adicionar mais conteúdo e o navegador automaticamente determinará como dividi-lo de modo equilibrado. Ademais, reparemos que os elementos são alinhados em relação às colunas que os contêm.

Pergunta do João. . .

Posso Especificar Larguras Diferentes Para as Colunas?
Não. As colunas devem ter a mesma largura. À primeira vista, isto nos pareceu surpreendente; mas uma verificação do padrão mostrou que, à época da escrita deste livro, não havia qualquer previsão para a especificação de colunas com larguras diferentes.
Contudo, se pensarmos como colunas são usadas na prática, o padrão faz sentido. Colunas não devem ser vistas como uma forma simples de implementar uma barra lateral para o *site*, assim como tabelas também não. Colunas servem para facilitar a leitura de longas áreas de texto; neste sentido, colunas de mesma largura são ideias.

Compatibilização

Colunas CSS3 não funcionam em Internet Explorer 8 e versões anteriores;

assim, utilizemos o *plug-in* jQuery Columnizer[5] como solução de compatibilização. Columnizer permite que dividamos o conteúdo de modo uniforme com o uso do simples código:

■ css3columns/newsletter.html
```
$("#newsletter").columnize({ columns: 2 });
```

Quem não tem JavaScript ficará limitado a uma única coluna de texto, mas poderá ler o conteúdo, que foi marcado de modo linear; portanto, o usuário não será prejudicado. No entanto, podemos usar JavaScript para detectar suporte de navegador para certos elementos. Se recuperarmos uma propriedade CSS existente, obteremos uma *string* vazia. Se obtivermos um valor nulo, isto significa que a tal propriedade não está disponível.

■ css3columns/newsletter.html
```
<script
    charset="utf-8"
    src='http://ajax.googleapis.com/ajax/libs/jquery/1.4.2/jquery.min.js'
    type='text/javascript'>
</script>
<script
    charset="utf-8"
    src="javascripts/autocolumn.js"
    type='text/javascript'>
</script>
```

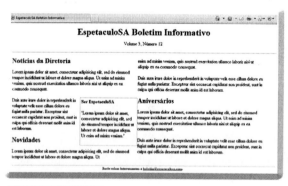

Figura 4.6:
A versão para Internet Explorer funciona, mas ainda requer alguns pequenos ajustes.

---
5 http://welcome.totheinter.net/columnizer-jquery-plugin/

Capítulo 4 ◄ Criação de Melhores Interfaces de Usuário com CSS3 ► 91

```
<script type="text/javascript">
  function hasColumnSupport(){
    var element = document.documentElement;
    var style = element.style;
    if (style){
      return typeof style.columnCount == "string" ||
        typeof style.MozColumnCount == "string" ||
        typeof style.WebkitColumnCount == "string" ||
        typeof style.KhtmlColumnCount == "string";
    }

    return null;
  }

  $(function(){
    if(!hasColumnSupport()){
      $("#newsletter").columnize({ columns: 2 });
    }
  });
</script>
```

Apenas verificamos se há suporte a colunas; se não houver, aplicamos o *plug-in*.

Atualizando a página em Internet Explorer, veremos o boletim em duas colunas. Pode não ser perfeito, como indica a Figura 4.6; talvez precisemos de algum CSS ou JavaScript adicional para corrigir qualquer elemento que não pareça direito, mas isto é deixado como exercício para o leitor. Comentários condicionais – como os que empregamos na Seção 7, *Usar JavaScript* – para compatibilização com a desejada versão de Internet Explorer são úteis.

A separação de conteúdo em múltiplas colunas facilita a leitura. Contudo, caso a página seja longa, a necessidade de voltar ao início para ler as colunas pode não agradar os usuários. Portanto, múltiplas colunas devem ser usadas com cuidado.

10 Construção de Interfaces Móveis com Consultas a Mídias

Já conseguimos definir folhas de estilo para mídias específicas, mas somos limitados ao tipo de saída, como vimos na seção *Implementação de Links Imprimíveis com :after e contente*, quando definimos a folha de estilo print. As consultas de mídia (*media queries*) de CSS3[6] nos permitem mudar a apresentação de uma página com base no tamanho da tela utilizada pelo usuário. Todavia, podemos começar a fazer isto com folhas de estilo apenas. Podemos usar consultas de mídia para determinar o seguinte:

- Resolução
- Orientação (modo retrato ou paisagem)
- Largura e altura do dispositivo
- Largura e altura da janela do navegador

Em consequência, consultas de mídia facilitam a criação de folhas de estilo alternativas para usuários de dispositivos móveis.
Por coincidência, toda a diretoria de EspetaculoSA trocou seus aparelhos BlackBerry por novos iPhones. O diretor de marketing gostaria de ver uma versão do *template* de *blog* que construímos em *Redefinição de um Blog Usando Marcação Semântica* pronta para iPhone. Isto pode ser feito rapidamente.
A versão atual do *blog* tem um *layout* de duas colunas, com uma região de conteúdo principal e uma barra lateral. A forma mais simples de tornar isto legível em um iPhone consiste em remover os elementos alinhados (floating elements), de modo que a barra lateral fique abaixo do conteúdo principal. Assim, o leitor não terá de varrer lateralmente no dispositivo.

Pergunta do João...

E Quanto ao Tipo de Midia *Handheld*?
O tipo de mídia *Handheld* (Portátil) foi criado tendo dispositivos móveis como alvo, assim como há tipos cujo alvo são impressoras. Contudo, a maioria dos dispositivos móveis quer mostrar a "verdadeira internet" aos usuários; portanto, ignora este tipo de mídia e exibe a folha de estilo associada com o tipo de mídia screen [tela].

---

6 http://www.w3.org/TR/css3-mediaqueries/

Para que isto funcione, adicionemos o código a seguir ao fim da folha de estilo para o *blog*:

```
css3mediaquery/style.css
@media only screen and (max-device-width: 480px) {
  body{
    width:460px;
}
  section#sidebar, section#posts{
    float: none;
    width: 100%;
  }
}
```

Podemos pensar no código que inserimos entre as chaves da consulta de mídia como uma folha de estilo própria, invocada quando as condições da consulta são atendidas. Neste caso, redimensionamos o corpo da página e transformamos o *layout* de duas colunas em apenas uma.

Também podemos usar consultas de mídia quando definimos o *link* para a folha de estilo, de modo que podemos manter a folha de estilo para dispositivos móveis em um arquivo separado:

```
<link rel="stylesheet" type="text/css"
href="CSS/mobile.css" media="only screen and (max-de-
vice-width: 480px)" >
```

Com isto, nosso *blog* se torna imediatamente mais legível em um iPhone. Podemos usar esta abordagem para a construção de folhas de estilo para outros dispositivos, como quiosques eletrônicos, *tablets* e monitores de tamanhos variados, de modo que o conteúdo seja legível em um maior número de dispositivos.

Compatibilização

Consultas de mídia são suportadas em Firefox, Chrome, Safari, Opera e Internet Explorer 9. Devemos recorrer a soluções de compatibilização baseadas em JavaScript para o carregamento de folhas de estilo adicionais, com base no dispositivo do usuário. Nosso exemplo mira iPhones, de modo que não necessitamos de uma solução de compatibilização: o conteúdo é legível sem consulta de mídia.

No entanto, se quisermos explorar consultas de mídia em outros navegadores, há um *plug-in* em jQuery[7] que adiciona suporte básico a consulta de mídia em outros navegadores. Este *plug-in* é limitado, pois funciona apenas com folhas de estilos lincadas e suporta somente larguras mínima e máxima em pixels. Apesar destas limitações, o *plug-in* funciona muito bem na criação de interfaces para diferentes tamanhos de janelas.

Futuro

Tudo sobre o que falamos neste capítulo melhora a interface de usuário, mas o leitor ainda pode utilizar nossos produtos mesmo que seus navegadores não suportem estas novas facilidades. Ainda que o conteúdo não esteja estilizado com listas, o usuário é capaz de lê-lo em um *tablet*; formulários continuam funcionando, mesmo que não tenham bordas arredondadas nos elementos de interface; o boletim informativo não será exibido em múltiplas colunas. É bom saber que podemos usar a camada de apresentação para alcançar estes efeitos, em vez de termos de recorrer a JavaScript ou a soluções no lado servidor.

Quase todos os navegadores suportam estes seletores atualmente, exceto Internet Explorer. À medida que as coisas evoluem, podemos esperar que IE passe a suportá-los

---

7 http://plugins.jquery.com/project/MediaQueries

Aprimoramento de Acessibilidade

Muitos dos novos elementos de HTML5 nos ajudam a descrever o conteúdo com mais precisão. Isto se torna mais importante quando outros programas começam a interpretar nosso código. Por exemplo, algumas pessoas utilizam um *software* chamado leitor de tela (*screen reader*) para traduzir o conteúdo da tela em texto, que é lido em voz alta. Leitores de tela interpretam o texto na tela e a correspondente marcação para identificar *links*, imagens e outros elementos e passaram por grandes avanços, mas estão sempre atrasados em relação às tendências atuais. Regiões vivas em páginas, onde uma enquete ou solicitação Ajax altera o conteúdo, são de difícil detecção. Páginas mais complexas podem ser de difícil navegação, pois o leitor de tela deve ler grande parte do conteúdo em voz alta.

Accessibility for Rich Internet Applications (WIA-ARIA)[1] [Acessibilidade para Ricas Aplicações de Internet][2*] é um padrão que provê formas de melhorar a acessibilidade de *websites*, especialmente de aplicações de *web*. Este padrão é particularmente útil no desenvolvimento de aplicações com controles de JavaScript e Ajax. Algumas partes do padrão WIA-ARIA foram incluídas em HTML5, enquanto outras permanecem separadas e podem complementá-lo. Diversos leitores de tela já fazem uso de facilidades do padrão WIA-ARIA, incluindo JAWS, WindowEyes e, até mesmo, a facilidade interna VoiceOver da Apple. O padrão WIA-ARIA introduz marcação adicional que pode ser utilizada pela tecnologia assistencial, como sugestões para a identificação de regiões sujeitas a atualização.

Neste capítulo, veremos como HTML5 pode melhorar o aproveitamento de visitantes que usam dispositivos assistenciais. Um fato importante é que as técnicas discutidas neste capítulo não requerem suporte de compatibilização, pois muitos leitores de tela já são capazes de tirar proveito delas.

---

1 http://www.w3.org/WAI/intro/aria.php

* No Brasil, parece haver uma preferência pela denominação "Aplicações de Internet Ricas e Acessíveis". (N.T.)

As técnicas incluem: [2]
Atributo role [<div role="document">]
Identifica responsabilidade de um elemento para leitores de tela. [C3, F3.6, S4, IE8, O9.6]

aria-live [<div aria-live="polite">]
Identifica uma região que é atualizada automaticamente, possivelmente, por Ajax. [F3.6 (Windows), S4, IE8]

aria-atomic [<div aria-live="polite" aria-atomic="true">]
Identifica se todo o conteúdo de uma região viva de ser lido ou apenas os elementos que sofreram alteração. [F3.6 (Windows), S4, IE8]

11 Provimento de Sugestões de Navegação com *Roles* ARIA

A maioria dos *websites* tem uma estrutura comum: um cabeçalho, uma seção de navegação, algum conteúdo principal e um rodapé. A maioria destes *sites* é codificada exatamente nesta forma, de modo linear. Infelizmente, isto significa que um leitor de tela deve ler o *site* para o usuário nesta ordem. Como a maioria dos *sites* repete os mesmos cabeçalho e seção de navegação em cada página, o usuário terá de ouvir a leitura destes elementos a cada página que visitar.

O remédio recomendado para isto consiste no provimento de um *link* oculto de "pular a navegação" a ser lido em voz alta pelo leitor de tela e que, simplesmente, aponta para uma âncora em uma região próxima do conteúdo principal. Contudo, isto não vem embutido e é algo que nem todos sabem como (ou se lembram de) implementar.

O novo atributo role de HTML5 nos permite alocar "responsabilidade" a cada elemento em uma página. Um leitor de tela pode, então, processar (*parse*) com facilidade a página e classificar todas as responsabilidades, de modo que um índice simples possa ser criado para a página. Por exemplo, o leitor de tela pode

---

2 Na descrição a seguir, o suporte do navegador é mostrado entre colchetes, segundo um código conciso e a versão mais antiga suportada. Os códigos usados são: *C:* Google Chrome; *F:* Firefox; *IE:* Internet Explorer; *O:* Opera; *S:* Safari; *IOS:* dispositivos iOS com Mobile Safari; *A:* Android Browser.

identificar todos os papéis (*roles*) de navegação na página e apresentá-los ao usuário para que este possa navegar com rapidez pela aplicação.
Estes papéis (roles) advêm do padrão WIA-ARIA[4] e foram incorporados ao padrão HTML5. Há duas categorias específicas de roles que podem ser usadas prontamente: landmark roles (papéis de marco) e document roles (papéis de documento).

Landmark Roles

Papéis Landmark (Landmark roles) identificam rapidamente "pontos de interesse" no *site*, como estandarte ou faixa (*banner*), área de buscas ou navegação.

Role (Papel)	Use
banner	Identifica a área do estandarte (*banner*) da página
search	Identifica a área de busca da página
navigation	Identifica elementos de navegação na página
main	Identifica o ponto de início do conteúdo principal da página
contentinfo	Identifica onde existe informação sobre o conteúdo, como dados de *copyright* e data de publicação
complementary	Identifica conteúdo em um apágina que complementa o conteúdo principal, mas tem significado próprio
application	Identifica uma região na página que contém uma aplicação de *web* e não um documento de *web*

Podemos aplicar alguns destes papéis (*roles*) ao *template* do *blog* de EspetaculoSA que construímos em *Redefinição de um Blog Usando Marcação Semântica*. Para o leitor (de tela) global, apliquemos role da seguinte forma:

```
html5_aria/blog/index.html
<header id="page_header" role="banner">
  <h1>AwesomeCo Blog!</h1>
</header>
```

---
4 http://www.w3.org/WAI/PF/aria/roles

Tudo o que precisamos fazer é adicionar role="banner" ao *tag* de cabeçalho existente.
Podemos identificar a navegação da mesma forma:

```
html5_aria/blog/index.html
<nav role="navigation">
 <ul>
   <li><a href="/">Últimas Postagens</a></li>
   <li><a href="/archives">Arquivos</a></li>
   <li><a href="/contributors">Contribuintes</a></li>
   <li><a href="/contact">Contato</a></li>
 </ul>
</nav>
```

O padrão HTML5 prega que alguns elementos têm papéis (*roles*) *default* e não podem ser estendidos (*overridden*). O elemento nav deve ter papel de navegação e, tecnicamente, não precisa ser especificado. Leitores de tela ainda não estão aptos a aceitar este *default*, mas muito entendem estes papéis (*roles*) ARIA.

As regiões principal e de barra lateral podem ser identificadas da seguinte forma:

```
html5_aria/blog/index.html
<section id="posts" role="main">
</section>
```
```
html5_aria/blog/index.html
<section id="sidebar" role="complementary">
<nav>
 <h3>Arquivos</h3>
  <ul>
    <li><a href="2011/10">Outubro 2011</a></li>
    <li><a href="2011/09">Setembro 2011</a></li>
    <li><a href="2011/08">Agosto 2011</a></li>
    <li><a href="2011/07">Julho 2011</a></li>
    <li><a href="2011/06">Junho 2011</a></li>
    <li><a href="2011/05">Maio 2011</a></li>
```

```
    <li><a href="2011/04">Abril 2011</a></li>
    <li><a href="2011/03">Março 2011</a></li>
    <li><a href="2011/02">Fevereiro 2011</a></li>
    <li><a href="2011/01">Janeiro 2011</a></li>
  </ul>
 </nav>
</section> <!--barra lateral -->
```

Para identificar informação sobre publicação e *copyright* no rodapé, usamos o papel contentinfo:

```
html5_aria/blog/index.html
<footer id="page_footer" role="contentinfo">
   <p>&copy; 2011 EspetaculoSA.</p>
</footer> <!-- rodapé -->
```

Se fizéssemos uma busca em nosso *blog*, poderíamos identificar também esta região. Uma vez identificados os marcos (*landmarks*), levemos isto adiante para identificar alguns dos elementos de documento.

Papéis Estruturais de Documentos

Papéis estruturais de documentos (*document structure roles*) ajudam leitores de tela a identificar partes de um conteúdo estático com facilidade, o que pode auxiliar na sua organização para navegação.

Papel (Role) Uso

document	Identifica uma região que contém conteúdo de documento, em contraste com conteúdo de aplicação
article	Identifica uma composição que forma uma parte independente de um documento.
definition	Identifica uma definição de termo ou assunto.
directory	Identifica uma lista de referências a um grupo, como uma tabela de conteúdo. Usado para conteúdo estático.
heading	Identifica um cabeçalho para uma seção ou página.

img	Identifica uma seção que contém elementos de uma imagem, que podem ser elementos de imagem, legenda ou texto descritivo.
list	Identifica um grupo de itens de lista não interativos.
listitem	Identifica um membro de um grupo de itens de lista não interativos.
math	Identifica uma expressão matemática.
note	Identifica conteúdo adicional ou de suporte ao conteúdo principal do recurso em questão.
presentation	Identifica conteúdo que é para apresentação e pode ser ignorado pela tecnologia assistencial.
row	Identifica uma linha de célula em uma grade.
rowheader	Identifica uma célula que contém informação de cabeçalho para uma linha em uma grade.

Muitos dos papéis (*roles*) de documentos são implicitamente definidos por *tags* de HTML, como articles (artigos) e headers (cabeçalhos). Contudo, não o papel document; e este é um papel muito útil, especialmente em aplicações com uma mistura de conteúdos dinâmico e estático. Por exemplo, um cliente de *e-mail* baseado na *web* pode ter o papel document associado ao elemento que contém o corpo da mensagem de *e-mail*. Isto é útil, pois leitores de tela, com frequência, têm métodos distintos de navegação usando o teclado. Quando o foco do leitor de tela estiver sobre um elemento de aplicação, o papel document pode permitir que teclas sejam pressionadas enquanto na aplicação. Todavia, quando o foco estiver sobre conteúdo estático, o papel document pode permitir que o leitor de tela funcione de modo diferente.

Podemos aplicar o papel document a nosso *blog* adicionando-o ao elemento body:

▋ html5_aria/blog/index.html
```
<body role="document">
```

Pergunta do João...

Preciso destes papéis landmark quando tenho elementos como nav e header?
Os papéis landmark podem, à primeira vista, parecer redundantes; todavia, proveem a flexibilidade necessária em situações em que não podemos usar os novos elementos.
Como o uso do papel search, podemos direcionar os usuários à região da página que não contém apenas os campos de busca (*search fields*), mas também *links* para o mapa do *site*, uma lista de seleção (*drop-down*) de "*links* rápidos" ou outros elementos que ajudem os usuários a encontrar informação rapidamente, em vez de somente direcioná-los ao campo de busca.
O padrão introduziu muitos mais papéis do que novos elementos e controles de formulário.

Isto pode ajudar a assegurar que um leitor de tela tratará esta página como um conteúdo estático.

Compatibilização

Estes papéis já podem ser usados em modernos navegadores, com os mais recentes leitores de tela; portanto, já podem ser explorados. Estes papéis são simplesmente ignorados por navegadores que não os suportem; assim, são proveitosos apenas para quem pode usá-los.

12 Criação de Região Atualizável Acessível

Hoje em dia, muita coisa pode ser feita em aplicações de *web* com Ajax. Uma prática comum consiste em incluir algum efeito visual para dar ao usuário uma indicação de que algo foi alterado na página. Contudo, uma pessoa que use leitor de tela obviamente não será capaz de ver qualquer alerta visual. O padrão WIA-ARIA provê uma solução alternativa muito interessante que, no momento, funciona com vários leitores de tela em IE, Firefox e Safari.

O diretor executivo de comunicação de EspetaculoSA deseja uma nova página de *web* para a companhia. A página deve ter *links* para uma seção de "serviços", para uma seção de "contato" e para uma seção "sobre nós". Ele insiste que a página não deva necessitar de rolagem, pois "as pessoas odeiam ter de rolar uma página". Ele gostaria que fosse implementado um protótipo para a página com um menu horizontal que, ao ser clicado, mudasse o conteúdo da página. Isto pode ser implementado sem dificuldade e, com o atributo aria-live, podemos fazer algo que, até agora, não conseguíamos fazer bem: implementer este tipo de interface de uma forma que seja amigável aos leitores de tela.

Construamos uma interface simples, como a ilustrada na Figura 5.1. Colocaremos todo o conteúdo na página e, caso JavaScript esteja disponível, ocultaremos tudo, exceto a primeira entrada. Para fazer os *links* de navegação apontarem a cada seção, usaremos âncoras de página e jQuery para transformar estes *links* de âncora em eventos que mudem o conteúdo principal. Usuários com JavaScript habilitado verão o que o diretor deseja; usuários sem JavaScript ainda serão capazes de ver todo o conteúdo da página.

Criação da Página

Iniciemos com a criando de uma página básica com HTML5 e adicionemos uma seção Bem-Vindo, que será a seção *default* exibida aos usuários quando visitarem a página. Aqui está o código para a página com a barra de navegação e *links* de acesso:

```
html5_aria/homepage/index.html
<!DOCTYPE html>
<html lang="en-US">
 <head>
  <meta http-equiv="Content-Type" content="text/html; charset=utf-8" />
  <title>EspetaculoSA</title>
```

```
  <link rel="stylesheet" href="style.css" type="text/
css">
  </head>
  <body>
    <header id="header">
      <h1>EspetaculoSA </h1>
       <nav>
         <ul>
           <li><a href="#welcome">Bem-Vindo</a></li>
           <li><a href="#services">Serviços</a></li>
           <li><a href="#contact">Contato</a></li>
           <li><a href="#about">Sobre Nós</a></li>
         </ul>
       </nav>
     </header>
 <section id="content"
          role="document" aria-live="assertive" aria-
atomic="true" >
<section id="welcome">
   <header>
     <h2>Bem-Vindo</h2>
   </header>
   <p>Seção de boas vindas</p>
  </section>
</section>
<footer id="footer">
  <p>&copy; 2011 EspetaculoSA.</p>
  <nav>
    <ul>
      <li><a href="http://espetaculosa.
com/">Principal</a></li>
      <li><a href="about">Sobre Nós</a></li>
      <li><a href="terms.html">Termos de Serviço</
a></li>
      <li><a href="privacy.html">Privacidade</a></li>
    </ul>
  </nav>
```

```
    </footer>
  </body>
</html>
```

A seção Bem-Vindo tem uma ID welcome, que casa a âncora na barra de navegação. Podemos declarar seções adicionais da página da mesma forma:

▌ html5_aria/homepage/index.html
```
<section id="services">
<header>
   <h2>Serviços</h2>
</header>
<p>Seção de sserviços</p>
```

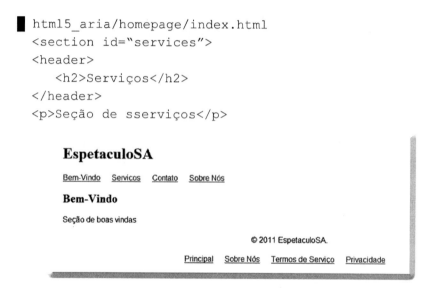

Figura 5.1:Modelo da página de web usando jQuery para mudar o conteúdo proncipal.

```
<section id="contact">
  <header>
    <h2>Contato</h2>
  </header>
  <p>Seção de contato</p>
</section>
<section id="about">
  <header>
    <h2>Sobre Nós</h2>
  </header>
  <p>Seção sobre nós</p>
</section>
```

As quatro regiões de conteúdo são embrulhadas com esta marcação:

▎ html5_aria/homepage/index.html
```
<section id="content"
role="document" aria-live="assertive" aria-atomic="true" >
```

Os atributos nesta linha informam aos leitores de tela que esta região da página é atualizável.

Atualização Polite e Assertive

No emprego de aria-live, há dois tipos de métodos para alertar o usuário de mudanças na página. O método polite [cortês] foi projetado para não interromper o fluxo de trabalho do usuário. Por exemplo, se enquanto o leitor de tela do usuário estiver lendo uma frase, outra região da página for atualizada e o modo for especificado como *polite*, o leitor de tela terminará a leitura da frase. Se, no entanto, o modo for especificado como *assertive* [assertivo], a atualização será considerada como de alta prioridade: o leitor de tela parará e começará a ler o novo conteúdo. É importante que, no desenvolvimento de um *site*, usemos o tipo apropriado de interrupção. Uso excessivo de "assertive" pode desorientar ou confundir os usuários. Devemos recorrer ao modo *assertive* somente se for absolutamente necessário. No exemplo em consideração, é a escolha certa, pois desejamos ocultar os outros conteúdos.

Atualização Atomic

O segundo parâmetro, aria-atomic=true, instrui o leitor de tela a ler todo o conteúdo da região alterada. Se o parâmetro for especificado como false [falso], o leitor de tela será instruído a ler somente os nós alterados. Como substituímos todo o conteúdo, devemos informar o leitor de tela para ler tudo. Caso substituamos um item de lista ou anexemos uma tabela com Ajax, devemos usar false.

Ocultação de Regiões

Para ocultar regiões, precisamos escrever um pouco de JavaScript e anexá-lo

106 ‹ HTML5 e CSS3 ›

à página. Criemos um arquivo denominado application.js e o incluamos, juntamente com a biblioteca jQuery, em nossa página:

▌ html5_aria/homepage/index.html
```
<script type="text/javascript"
    charset="utf-8"
    src="http://ajax.googleapis.com/ajax/libs/jquery/1.4.2/jquery.min.js" >
</script>
<script type="text/javascript"
    charset="utf-8"
    src="javascripts/application.js" >
</script>
```

O arquivo application.js contém este script simples:

▌ html5_aria/homepage/javascripts/application.js
```
Linha   1 // Suporte a elemento estrutural de HTML5 para IE 6, 7 e 8
   -    document.createElement("header");
   -    document.createElement("footer");
   -    document.createElement("section");
   5    document.createElement("aside");
   -    document.createElement("article");
   -    document.createElement("nav");
   -    $(function(){
   10
   -       $("#services, #about, #contact" ).hide().addClass("hidden");
   -       $("#welcome" ).addClass("visible");
   -
   -       $("nav ul" ).click(function(event){
   15
   -          target = $(event.target);
   -          if(target.is("a" )){
   -             event.preventDefault();
   -             if ( $(target.attr("href" )).hasClass("hidden")
```

```
  ){
20       $(".visible" ).removeClass("visible" )
-            .addClass("hidden" )
-            .hide();
         $(target.attr("href" ))
-            .removeClass("hidden" )
25           .addClass("visible" )
             .show();
       };
-      };
-
30   });
-
-  });
```

Na linha 11, ocultamos as seções "serviços" (services), "sobre nós" (about) e "contato" (contact). Também aplicamos uma classe "hidden" (oculta) a elas e, na linha seguinte, aplicamos uma classe "visible" (visível) à seção *default* "bem-vindo" (welcome). A adição destas classes facilita a identificação das seções que devem ser desligadas e ligadas quando mudamos de região.

Na linha 14, capturamos qualquer clique na barra de navegação e, na linha 17, determinamos qual elemento foi clicado. Caso o usuário clique em um *link*, verificamos se a correspondente seção é oculta; o atributo href do *link* clicado pode nos ajudar a localizar a correspondente seção por meio de seletores jQuery, como na linha 19.

Se a seção for oculta, ocultamos tudo mais e mostramos a região selecionada. E isto é tudo. Os leitores de tela devem detectar as atualizações das regiões.

Compatibilização

Como papéis (*roles*), esta solução pode ser usada imediatamente pelas versões mais recentes de leitores de tela. Seguindo boas práticas, como JavaScript discreto, temos uma implementação simples que pode funcionar para uma audiência relativamente grande. Navegadores e leitores de tela antigos ignorarão os atributos adicionais, de modo que não há qualquer risco na aplicação dos mesmos à marcação.

Futuro

Os padrões HTML5 e WIA-ARIA preparam o caminho para uma *web* muito mais acessível. Com a capacidade de identificar regiões de uma página que sofrem atualização, desenvolvedores podem elaborar aplicações JavaScript muito mais ricas sem muita preocupação com questões de acessibilidade.

Parte II
Novas Visões e Sons

Uso de Canvas

Na segunda parte deste livro, deixaremos de discutir estrutura e interfaces para explorar o uso de HTML5 e CSS3 para desenhar, trabalhar com arquivos multimídia e criar nossos próprios elementos de interface. Para começar, gastemos algum tempo aprendendo como fazer desenhos com o novo elemento canvas [tela de desenho] de HTML5.

Quando queremos uma imagem em uma aplicação de *web*, tradicionalmente, abrimos um *software* gráfico de nossa preferência, criamos a imagem e a embutimos na página com um *tag* img. Quando desejamos incluir animações, usamos Flash. O elemento canvas de HTML5 permite que desenvolvedores criem imagens e animações no navegador programaticamente com uso de JavaScript. Podemos usar canvas para criar formas simples ou complexas e, até mesmo, criar gráficos variados sem ter de recorrer a bibliotecas do lado servidor, Flash ou outros *plug-ins*. Faremos tudo isto neste capítulo.[1]

<canvas> [<canvas><p>Alternative content</p></canvas>]
Suporta a criação de gráficos vetoriais via JavaScript. *[C4, F3, IE9, S3.2, O10.1, IOS3.2, A2]*

Primeiro, vejamos como usar JavaScript e o elemento canvas juntos; para isto, desenhemos algumas formas simples, à medida que construímos o logotipo de EspetaculoSA. A seguir, usaremos uma biblioteca para a criação de imagens, especialmente elaborada para trabalhar com o elemento canvas na criação de um gráfico em barras para a estatística do navegador. Também discutiremos alguns desafios que enfrentaremos para implementar compatibilização, pois canvas é mais uma interface de programação do que um elemento.

---

1 Na descrição seguinte, o suporte de navegador é mostrado entre colchetes, segundo um código conciso e o número da versão mais antiga suportada. Os códigos usados são: *C*: Google Chrome; *F*: Firefox; *IE*: Internet Explorer; *O*: Opera; *S*: Safari; *IOS*: dispositivos iOS com Mobile Safari, *A*: Android Browser

13 Criação de um Logotipo

O elemento canvas é um elemento-contêiner, como o elemento script. É uma tela em branco na qual podemos desenhar. Definimos um elemento canvas com uma largura e uma altura, da seguinte forma:

▌ html5canvasgraph/canvas_simple_drawing.html
```
<canvas id="my_canvas" width="150" height="150">
   Conteúdo de compatibilização vai aqui
</canvas>
```

Infelizmente, não podemos usar CSS para controlar ou alterar largura e altura de um elemento canvas sem distorcer o conteúdo; assim, devemos definir as dimensões de canvas antes de declará-lo.

Usamos JavaScript para colocar formas em canvas. Mesmo que forneçamos conteúdo de compatibilização para os navegadores que não têm o elemento canvas, precisamos evitar que o código JavaScrip tente manipulá-lo. Identificamos o elemento canvas por sua ID e verificamos se o navegador suporta o método getContext de canvas.

▌ html5canvasgraph/canvas_simple_drawing.html
```
var canvas = document.getElementById('my_canvas');
if (canvas.getContext){
    var context = canvas.getContext('2d');
}else{
    // fazer algo para mostrar o conteúdo oculto de canvas
    // ou deixar o navegador exibir o texto contido no elemento <canvas> .
}
```

Caso obtenhamos uma resposta do método getContext, colhemos o contexto 2D para canvas, de modo que possamos adicionar objetos. Se não tivermos um contexto, precisamos imaginar uma forma de exibir o conteúdo de compatibilização. Como sabemos que o elemento canvas requer JavaScript para funcionar, construímos uma estrutura para cuidar da compatibilização desde o começo.

Uma vez que tenhamos o contexto de canvas, simplesmente adicionamos elementos ao contexto. Para adicionar uma caixa vermelha, especificamos a cor de preenchimento e criamos a caixa:

▎ html5canvasgraph/canvas_simple_drawing.html
```
context.fillStyle = "rgb(200,0,0)" ;
context.fillRect (10, 10, 100, 100);
```

O contexto 2D de canvas é uma grade, cujo elemento do canto superior esquerdo é a origem *default*. Para criar uma forma, devemos especificar as coordenadas X e Y do ponto de partida, a largura e a altura.

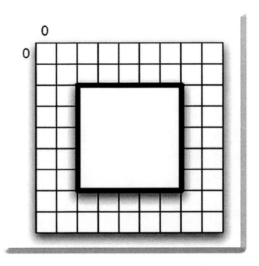

Cada forma é adicionada em sua própria camada, de modo que criamos três caixas com um deslocamento de 10 pixels:

▎ html5canvasgraph/canvas_simple_drawing.html
```
context.fillStyle = "rgb(200,0,0)" ;
context.fillRect (10, 10, 100, 100);
context.fillStyle = "rgb(0,200,0)" ;
context.fillRect (20, 20, 100, 100);
context.fillStyle = "rgb(0,0,200)" ;
context.fillRect (30, 30, 100, 100);
```

As caixas são empilhadas uma sobre a outra:

Agora que entendemos o funcionamento básico de desenho, criemos o logotipo de EspetaculoSA. É muito simples, como ilustrado na Figura 6.1.

Figura 6.1: Logotipo de EspetaculoSA.

Desenho do Logotipo

O logotipo consiste em uma *string* de texto, uma linha angulada, um quadrado e um triângulo. Iniciemos criando um novo documento HTML5, adicionando um elemento canvas à página e criando uma função JavaScript para desenhar o logotipo, que detecta se podemos usar canvas 2D:

```
html5canvasgraph/logo.html
    var drawLogo = function(){
    var canvas = document.getElementById('logo');
    var context = canvas.getContext('2d');
};
```

Antes de invocarmos este método, verificamos a existência do elemento canvas:

Capítulo 6 ‹ Uso de Canvas › 115

▌ html5canvasgraph/logo.html
```
$(function(){
    var canvas = document.getElementById('logo');
    if (canvas.getContext){
        drawLogo();
    }
});
```

Reparemos que, mais uma vez, usamos a função jQuery para assegurar que o evento seja disparado quando o documento estiver pronto. Buscamos um elemento na página com a ID logo, de logotipo; portanto, devemos adicionar o elemento canvas ao documento para que possa ser encontrado e a detecção funcione.

▌ html5canvasgraph/logo.html
```
<canvas id="logo" width="900" height="80">
    <h1>EspetaculoSA</h1>
</canvas>
```

A seguir, adicionemos o texto "EspaculoSA" a canvas.

Adição de Texto

A adição de texto a canvas envolve a escolha de uma fonte, do seu tamanho, um alinhamento e a aplicação do texto às coordenadas apropriadas na grade. Podemos adicionar o texto "EspetaculoSA" a canvas desta forma:

▌ html5canvasgraph/logo.html
```
context.font = 'italic 40px sans-serif';
context.textBaseline = 'top';
context.fillText('EspetaculoSA', 60, 0);
```

Antes de aplicarmos o texto a canvas, devemos especificar seu tipo e a origem (*baseline*), ou alinhamento vertical. Usamos o método fillText para que o texto seja preenchido com a cor desejada; especificamos 60 pixels **à direita**, para deixar espaço para a grande forma triangular que desenharemos a seguir.

Desenho de Retas

Podemos desenhar retas em canvas com um jogo de "conectar pontos". Especificamos um ponto de partida e pontos adicionais na grade de canvas. À medida que nos deslocamos pela grade, os pontos são conectados:

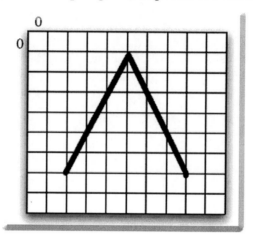

Usamos o método beginPath() para começar a desenhar uma reta e, então, criamos o percurso desejado:

```
html5canvasgraph/logo.html
context.lineWidth = 2;
context.beginPath();
context.moveTo(0, 40);
context.lineTo(30, 0);
context.lineTo(60, 40 );
context.lineTo(285, 40 );
context.stroke();
context.closePath();
```

Quando completarmos o percurso na grade de canvas, devemos chamar o método para desenhar a reta e, então, chamar o método closePath para encerrar o desenho.

Agora, faltam apenas quadrado e o triângulo menor que ficarão dentro do grande triângulo.

Deslocamento da Origem

Precisamos desenhar um quadrado e triângulo pequenos no interior do grande triângulo. Quando desenhamos formas e percursos, podemos especificar as coordenadas X e Y da origem no canto esquerdo superior de canvas, mas também podemos deslocar a origem para uma nova posição.

Para desenhar um pequeno quadrado interno, desloquemos a origem:

```
html5canvasgraph/logo.html
context.save();
context.translate(20,20);
context.fillRect(0,0,20,20);
```

Antes de deslocarmos a origem, chamamos o método save(), que salva o estado anterior de canvas de modo que possamos recuperá-lo com facilidade. Isto funciona como um ponto de restauração e pode ser visto como um empilhamento. A cada vez que chamamos o método save(), temos uma nova entrada. Quando tudo estiver pronto, chamaremos o método restore(), que restaurará o último ponto salvo na pilha.

Agora, usemos percursos para desenhar um triângulo interno; contudo, em vez de usar desenho de retas (*stroke*), usaremos preenchimento (*fill*) para criar a ilusão de que o triângulo "recorta" o quadrado.

```
html5canvasgraph/logo.html
context.fillStyle = '#fff';
context.strokeStyle = '#fff';
context.lineWidth = 2;
context.beginPath();
context.moveTo(0, 20);
context.lineTo(10, 0);
context.lineTo(20, 20 );
context.lineTo(0, 20 );
context.fill();
context.closePath();
context.restore();
```

Antes de iniciarmos o desenho, especificamos stroke e fill como branco (#fff). A seguir, desenhamos os segmentos de reta e, como deslocamos a origem, isto é feito em relação ao canto esquerdo superior do quadrado que acabamos de desenhar.

Está quase pronto, mas falta um pouco de cor.

Adição de Cores

Na Seção 13, *Deslocamento da Origem*, vimos rapidamente como especificar a cor de stroke e de fill para as ferramentas de desenho. Para especificar a cor de tudo como vermelho, basta adicionar o seguinte código:

```
html5canvasgraph/logo.html
context.fillStyle = "#f00" ;
context.strokeStyle = "#f00" ;
```

Contudo, isto é um pouco monótono. Podemos criar gradientes (cores em *dégradé*) e alocá-los a stroke e fill:

```
html5canvasgraph/logo_gradient.html
// context.fillStyle = "#f00" ;
// context.strokeStyle = "#f00" ;
var gradient = context.createLinearGradient(0, 0, 0, 40);
gradient.addColorStop(0, '#a00'); // vermelho
gradient.addColorStop(1, '#f00'); // vermelho
context.fillStyle = gradient;
context.strokeStyle = gradient;
```

Apenas criamos um objeto de gradiente e especificamos os passos de cor do gradiente. Neste exemplo, temos dois tons de vermelho, mas poderíamos usar um arco-íris.[22]

Notemos que devemos especificar a cor das coisas antes de desenhá-las.

---

2 Por favor, *não* use arco-íris!

Neste ponto, o logotipo está completo e adquirimos um melhor entendimento de como desenhar formas simples com canvas. Contudo, versões de Internet Explorer anteriores a IE 9 não oferecem qualquer suporte ao elemento canvas. Corrijamos isto.

Compatibilização

Google lançou uma biblioteca chamada ExplorerCanvas[3] que torna a maior parte da API Canvas acessível a usuários de Internet Explorer. Tudo o que devemos fazer é incluir esta biblioteca em nossa página:

```
html5canvasgraph/logo_gradient.html
<!--[if lte IE 8]>
<script src="javascripts/excanvas.js"></script>
<![endif]-->
```

e tudo deveria funcionar bem em Internet Explorer; mas, por enquanto, não é bem assim. À época da escrita deste livro, a versão mais estável da biblioteca não suportava adição de texto e a versão do repositório de subversões[44] não utilizava as fontes corretas. Ademais, com esta biblioteca, ainda não há suporte para a adição de gradientes a strokes.

Assim, devemos recorrer a outras soluções, como posicionar uma versão PNG do logotipo no interior do elemento canvas ou simplesmente não usar canvas. Como este foi apenas um exercício para mostrar como desenhar, não será o fim do mundo se ainda não pudermos utilizar este particular exemplo em um sistema de produção que vise múltiplas plataformas.

14 Criação de Gráficos Estatísticos com RGraph

A empresa EspetaculoSA está dedicando muito trabalho ao *website* e a diretoria gostaria de ver um gráfico das estatísticas relativas ao *site*. Os programadores poderão acessar os dados em tempo real; todavia, gostariam de saber se poderíamos imaginar alguma forma de exibir o gráfico no navegador e nos forneceram alguns dados de teste. O objetivo é transformar estes

---

3 http://code.google.com/p/explorercanvas/
4 http://explorercanvas.googlecode.com/svn/trunk/excanvas.js

dados de teste em algo com a aparência da Figura 6.2.

Há várias maneiras de desenhar gráficos em uma página de *web*. Desenvolvedores usam Flash a toda hora para gráficos, mas isto tem a limitação de não funcionar em alguns dispositivos móveis, como iPad e iPhone. Há soluções do lado servidor que funcionam bem, mas podem exigir muito do processador quando trabalhamos com dados de tempo real. Uma solução padronizada do lado cliente, como canvas, é uma grande opção, desde que sejamos suficientemente cuidadosos para assegurar que funcione em navegadores antigos. Já vimos como desenhar quadrados; mas o desenho de algo mais complexo requer JavaScript adicional. Precisamos de uma biblioteca gráfica para nos auxiliar.

O fato de HTML5 não ser disponível em toda parte não atrapalhou os desenvolvedores da biblioteca RGraph[55]. RGraph torna o desenho de gráficos ridiculamente simples com o uso do elemento canvas de HTML5. Contudo, é uma solução puramente de JavaScript e não funcionará em agentes de usuários que não têm JavaScript habilitado. Neste caso, canvas também não funcionará. Aqui está o código para um gráfico de barras muito simples:

```
html5canvasgraph/rgraph_bar_example.html
<canvas width="500" height="250" id="test">[no canvas
support]</canvas>
<script type="text/javascript" charset="utf-8">
var bar = new RGraph.Bar('test', [50,25,15,10]);
bar.Set('chart.gutter', 50);
bar.Set('chart.colors', ['red']);
bar.Set('chart.title', "Um gráfico de barras de tortas
favoritas" );
bar.Set('chart.labels', ["Banana" , "Limão" , "Maçã"
, "Coco" ]);
bar.Draw();
</script>
```

---

5 http://www.rgraph.net/

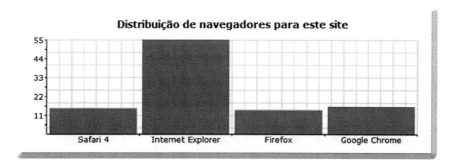

Figura 6.2: *Gráfico de barras do lado cliente usando canvas.*

Tudo o que temos a fazer é criar alguns *arrays* de JavaScript, e a biblioteca desenha o gráfico em canvas para nós.

Descrição de Dados com HTML

Poderíamos fixar (*hard-code*) os valores das estatísticas de navegadores no código JavaScript, mas, neste caso, apenas usuários com JavaScript poderiam vê-los. Em vez de fazermos isto, coloquemos os dados diretamente na página como texto. Podemos ler os dados com JavaScript e, depois, alimentar a biblioteca gráfica.

```
html5canvasgraph/canvas_graph.html
<div id="graph_data">
  <h1>Distribuição de navegadores para este site</h1>
  <ul>
    <li>
      <p data-name="Safari 4" data-percent="15">
Safari 4 - 15%
      </p>
    </li>
    <li>
      <p data-name="Internet Explorer" data-per-
cent="55">
Internet Explorer - 55%
      </p>
```

```
        </li>
    <li>
    <p data-name="Firefox" data-percent="14">
Firefox - 14%
    </p>
    </li>
```

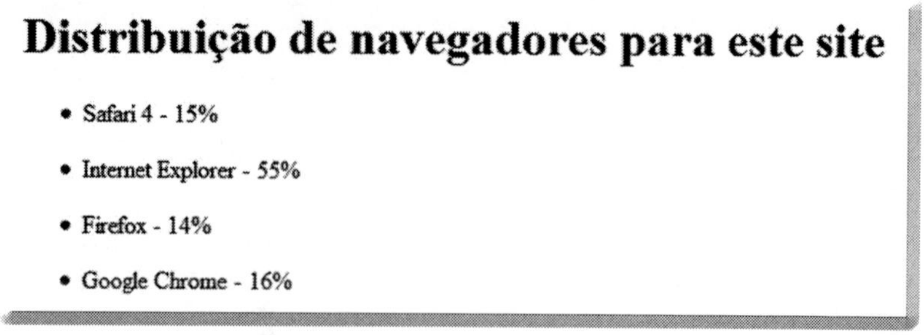

Distribuição de navegadores para este site

- Safari 4 - 15%
- Internet Explorer - 55%
- Firefox - 14%
- Google Chrome - 16%

Figura 6.3: *Gráfico como HTML*

```
    <li>
      <p data-name="Google Chrome" data-percent="16">
Google Chrome - 16%
      </p>
    </li>
    </ul>
</div>
```

Usamos atributos data de HTML5 para armazenar os nomes dos navegadores e as porcentagens. Embora tenhamos a informação na forma de texto, fica muito mais fácil trabalhar programaticamente, pois não precisamos processar (*parse*) strings.

Se abrirmos a página no navegador ou examinarmos a Figura 6.3, veremos que os dados do gráfico são exibidos adequadamente e de forma legível sem o gráfico. Este será o conteúdo de compatibilização para dispositivos móveis e para usuários que não têm o elemento canvas ou JavaScript havilitado.

Agora, transformemos esta marcação em um gráfico.

Transformação de HTML em um Gráfico de Barras

Como usaremos um gráfico de barras, precisaremos tanto da biblioteca RGraph de gráficos de barras como da biblioteca RGraph principal. Também usaremos jQuery para colher os dados do documento. Na seção head da página HTML, precisamos carregar as necessárias bibliotecas.

▌html5canvasgraph/canvas_graph.html
```
<script type="text/javascript"
charset="utf-8"
src="http://ajax.googleapis.com/ajax/libs/jquery/1.4.2/jquery.min.js" >
</script>
<script src="javascripts/RGraph.common.js" ></script>
<script src="javascripts/RGraph.bar.js" ></script>
```

Para construir o gráfico, precisamos colher o seu título, rótulos (*labels*) e dados do documento HTML e passá-los para a biblioteca RGraph, que aceita *arrays* para os rótulos e para os dados. Podemos usar jQuery para construir estes *arrays*.

▌html5canvasgraph/canvas_graph.html
```
Linha    1 function canvasGraph(){
-   var title = $('#graph_data h1' ).text();
-
-   var labels = $("#graph_data>ul>li>p[data-name]"
).map(function(){
5   return $(this).attr("data-name" );
-   });
-
-   var percents = $("#graph_data>ul>li>p[data-percent]" ).map(function(){
-   return parseInt($(this).attr("data-percent" ));
10  });
-
-   var bar = new RGraph.Bar('browsers' , percents);
-   bar.Set('chart.gutter' , 50);
```

```
- bar.Set('chart.colors', ['red' ]);
15 bar.Set('chart.title' , title);
- bar.Set('chart.labels' , labels);
- bar.Draw();
-
- }
```

Primeiro, na linha 2, colhemos o texto para o cabeçalho. Na linha 4, selecionamos todos os elementos que têm o atributo data-name. Usamos a função map de jQuery para transformar os valores destes elementos em um *array*.

Usamos esta mesma lógica na linha 8 para colher um *array* de porcentagens. Uma vez colhidos os dados, RGraph não tem dificuldade para desenhar nosso gráfico.

Exibição de Conteúdo Alternativo

Na Seção 14, *Descrição de Dados com HTML*, poderíamos ter posicionado o gráfico entre os *tags* canvas inicial e final. Isto ocultaria estes elementos em navegadores que suportam canvas e os exibiria em navegadores que não suportam o elemento. No entanto, o conteúdo ainda ficaria oculto se o navegador do usuário suportasse o elemento canvas e o usuário tivesse desabilitado JavaScript.

• •
jQuery *versus* CSS

Neste capítulo, usamos jQuery para aplicar estilo aos elementos à medida que os criamos. Grande parte desta informação de estilo, como cores de rótulos e cores das barras, deve ser descarregada em uma folha de estilo separada, especialmente se desejarmos alterar os estilos independentemente do script. Para um protótipo, esta abordagem é aceitável; contudo, para uma versão de produção, devemos sempre separar apresentação, comportamento e conteúdo.
• •

Deixamos, simplesmente, os dados fora de canvas e os ocultamos com jQuery, depois de nos certificarmos de que canvas existe.

▌ html5canvasgraph/canvas_graph.html
```
var canvas = document.getElementById('browsers');
if (canvas.getContext){
   $('#graph_data').hide();
   canvasGraph();
}
```

Com isto, o gráfico está pronto, exceto para pessoas que usem navegadores que não suportem o elemento canvas.

Compatibilização

Ao construir esta solução, já cobrimos compatibilização para acessibilidade e falta de JavaScript, mas podemos criar um gráfico alternativo para pessoas que não têm suprote ao elemento canvas, mas que podem usar JavaScript.

Há numerosas bibliotecas gráficas, mas cada uma tem suas próprias maneiras de colher dados. Gráficos de barras são apenas retângulos com alturas específicas e, na página, temos todos os dados de que necessitamos para construir este gráfico manualmente.

▌ html5canvasgraph/canvas_graph.html
```
Linha    1 function divGraph(barColor, textColor,
width, spacer, lblHeight){
-     $('#graph_data ul').hide();
-     var container = $("#graph_data" );
-
5 container.css( {
-     "display" : "block" ,
-     "position" : "relative" ,
-     "height" : "300px" }
- );
10
- $("#graph_data>ul>li>p" ).each(function(i){
-
-     var bar = $("<div>" + $(this).attr("data-per-
cent") + "%</div>" );
```

```
- var label = $("<div>" + $(this).attr("data-name") +
  "</div>" );
15
- var commonCSS = {
-         "width" : width + "px" ,
-         "position" : "absolute" ,
-         "left" : i * (width + spacer) + "px" };
20
- var barCSS = {
-         "background-color" : barColor,
-         "color" : textColor,
-         "bottom" : lblHeight + "px" ,
25        "height" : $(this).attr("data-percent") +
  "%"
- };
- var labelCSS = {"bottom" : "0" , "text-align" :
  "center" };
-
- bar.css( $.extend(barCSS, commonCSS) );
30 label.css( $.extend(labelCSS,commonCSS) );
-
- container.append(bar);
- container.append(label);
- });
35
- }
```

Na linha 2, ocultamos a lista não ordenada, de modo que os valores de texto fiquem ocultos. Colhemos, então, o elemento que contém os dados do gráfico e aplicamos alguns estilos CSS básicos. Na linha 6, especificamos a posição do elemento como relativa, o que nos permitirá posicionar nossos gráficos de barra e rótulos absolutamente no interior do contêiner.

Varremos, então, os parágrafos na lista com marcadores (*bulleted list*, linha 11) e criamos as barras. Cada iteração sobre os rótulos cria dois elementos div, um para a própria barra e outro para o rótulo, que posicionamos abaixo da barra. Com isto, um pouco de matemática e um pouco de jQuery, conseguimos recriar o gráfico. Embora não seja *exatamente* a mesma, a aparência do gráfico é próxima o bastante para provar o conceito.

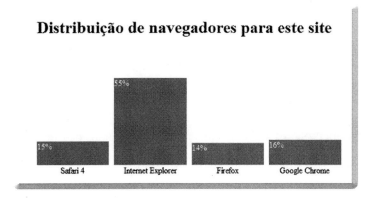

Figura 6.4: Nosso gráfico agora pode ser exibido em Internet Explorer.

Precisamos, ainda, enganchá-lo (*hook*) na detecção de canvas:

```
html5canvasgraph/canvas_graph.html
var canvas = document.getElementById('browsers');
if (canvas.getContext){
    $('#graph_data').hide();
    canvasGraph();
}
else{
    divGraph("#f00" , "#fff" , 140, 10, 20);
}
```

Podemos ver a versão de compabilização na Figura 6.4. Com a combinação de JavaScript, HTML e CSS, criamos um gráfico de barras no lado cliente e informação estatística sobre uso de navegadores para qualquer plataforma que a requeira. O uso de canvas tem um benefício adicional: nos levou a pensar em uma solução de compatibilização desde o início, em vez tentarmos algo no final. Isto é muito bom para acessibilidade.

Este é um dos métodos de maior acessibilidade e versatilidade para a exibição de dados disponíveis na forma de gráficos. Podemos, com facilidade, criar tanto a representação visual como uma alternativa baseada em texto. Assim, todos podem usar os importantes dados que disponibilizamos.

Pergunta do João ...

Por Que, Aqui, Não Tentamos Usar ExplorerCanvas?
ExplorerCanvas, sobre o que falamos na Seção 13, *Compatibilização*, e RGraph podem trabalhar muito bem juntos. A distribuição de RGraph até inclui uma versão de ExplorerCanvas. Contudo, esta combinação funciona somente com Internet Explorer 8. Quem utiliza IE 7 ou anterior deve recorrer a uma solução alternativa, como a que acabamos de discutir. Recomendamos que o leitor fique atento a ExplorerCanvas, pois esta biblioteca é ativamente mantida. O leitor pode até experimentar fazer alguns ajustes para que a mesma funcione em seu projeto.

Futuro

Agora que sabemos um pouco sobre o funcionamento de canvas, podemos começar a pensar em outras formas de utilizá-lo. É possível usá-lo para criar um jogo, uma interface de usuário para um tocador de mídia, para construir uma galeria de imagens. Tudo de que precisamos para começar a desenhar é um pouco de JavaScript e um pouco de imaginação.
Por ora, Flash tem uma vantagem em relação a canvas, pois tem maior suporte; contudo, à medida que HTML5 se difunda e o elemento canvas se torne mais largamente disponível, mais desenvolvedores irão adotá-lo para a construção de gráficos 2D simples no navegador. O elemento canvas não requer qualquer *plug-in* adicional e tem menor uso de CPU do que Flash, especialmente em Linux e OS X. Por fim, o elemento canvas fornece um mecanismo para gráficos 2D em ambientes em que Flash não estiver disponível. À medida que maior número de plataformas suportem canvas, podemos esperar o aprimoramento da sua velocidade e de suas facilidades e o surgimento de mais ferramentas e bibliotecas para desenvolvedores, ajudando-nos a construir coisas surpreendentes.
Contudo, o uso não é restito a gráficos 2D. O padrão do elemento canvas também suportará gráficos 3D, e fabricantes de navegadores estão implementando aceleração em *hardware*. O elemento canvas possibilitará a criação de interessantes interfaces de usuários e jogos cativantes somente com o emprego de JavaScript.

Inclusão de Áudio e Vídeo

Áudio e vídeo são uma parcela importante da moderna internet. *Podcasts*, amostras de áudio e vídeos mostrando como fazer algo estão por toda parte; por enquanto, áudio e vídeo são verdadeiramente úteis somente com o auxilio de *plug-ins* no navegador. HTML5 introduz novos métodos para embutir arquivos de áudio e de vídeo em uma página. Neste capítulo, exploraremos alguns métodos não apenas para embutir conteúdo de áudio e vídeo, mas também para assegurar que estejam disponíveis para pessoas que usem navegadores antigos.

Neste capítulo, discutiremos estes dois elementos[1]:

<audio> [<audio src="drums.mp3"></audio>]
 Toca áudio no navegador. *[C4, F3.6, IE9, S3.2, O10.1, IOS3, A2]*

<video> [<video src="tutorial.m4v"></video>]
 Toca vídeo no navegador. *[C4, F3.6, IE9, S3.2, O10.5, IOS3, A2]*

Antes de prosseguir, precisamos falar sobre a história de áudio e vídeo na *web*. Depois, para que entendamos o caminho a seguir, devemos compreender onde estivemos.

7.1 Um Pouco de História

Há muito, as pessoas tentam usar áudio e vídeo em páginas de *web*. Tudo começou quando as pessoas passaram a embutir arquivos MIDI em suas páginas usando o *tag* embed para fazer referência ao arquivo:

<embed src="awesome.mp3" autostart="true"
loop="true" controller="true" ></embed>

O *tag* embed nunca se tornou um padrão, de modo que as pessoas passaram

---

1 Na descrição seguinte, suporte de navegador é mostrado entre colchetes, segundo um código conciso e o número da versão mais antiga suportada. Os códigos usados são: *C*: Google Chrome; *F*: Firefox; *IE*: Internet Explorer; *O*: Opera; *S*: Safari; *IOS*: dispositivos iOS com Mobile Safari; *A*: Android Browser.

a usar o *tag* object, que é aceito pelo padrão W3C. Para suportar navegadores antigos que não entendem o *tag* object, é comum vermos o *tag* embed embutido no *tag* object:

```
<object>
<param name="src" value="simpsons.mp3">
<param name="autoplay" value="false">
<param name="controller" value="true">
<embed src="awesome.mp3" autostart="false"
   loop="false" controller="true" ></embed>
</object>
```

Contudo, nem todo navegador é capaz de distribuir (*stream*) o conteúdo desta forma e nem todo servidor foi configurado de modo adequado para servir este conteúdo corretamente. As coisas ficaram mais complicadas com a popularização de vídeo na *web*. Passamos por muitas iterações de conteúdo de áudio e vídeo na *web*, de RealPlayer a Windows Media e QuickTime. Cada companhia tinha uma estratégia de vídeo e parecia que cada *site* usava diferentes método e formato para a codificação de vídeo na *web*.

Macromedia (agora, Adobe) logo se deu conta de que seu Flash Player poderia ser o veículo perfeito para a distribuição de conteúdo de áudio e vídeo em múltiplas plataformas. Flash já é disponível em quase 97% dos navegadores de *web*. Uma vez que os produtores de conteúdo descobriram que poderiam codificar uma vez e tocar em qualquer parte, milhares de *sites* passaram a usar Flash para distribuição de áudio e vídeo.

Então, em 2007, a Apple lançou iPhone e iPod touch e decidiu que não suportaria Flash nestes dispositivos. Provedores de conteúdo responderam disponibilizando distribuições de vídeo que tocariam bem no navegador Mobile Safari. Estes vídeos, usando o codec H.264, também podiam ser tocados no Flash Player normal, permitindo que provedores de conteúdo ainda codificassem apenas uma vez para múltiplas plataformas.

Os criadores do padrão HTML5 acreditam que navegadores deveriam suportar áudio e vídeo naturalmente, sem ter de recorrer a um *plug-in* que requeira muito código HTML. É aqui que áudio e vídeo de HTML5 começam a fazer sentido: são tratados como cidadãos de primeira classe em termos de conteúdo de *web*.

Pergunta do João...

Flash Já Funciona Em Vários Navegadores, Por Que Não Usá-lo?
A resposta simples é que não há qualquer restrição sobre o que um desenvolvedor pode fazer com o conteúdo uma vez que o tenha embutido na página. O desenvolvedor pode usar CSS e JavaScript para manipular o elemento e não precisa perder tempo com a passagem de parâmetros ao vídeo Flash. Ademais, a situação melhorará à medida que o padrão amadurece.

7.2 Contêineres e Codecs

Quando falamos de áudio e vídeo na *web*, falamos em termos de contêineres e codecs. Podemos pensar naquele vídeo feito com a câmera digital como arquivo AVI ou MPEG, mas isto seria simplificação excessiva. Contêineres são como envelopes que contêm *streams* de áudio, *streams* de vídeo e, às vezes, metadado adicional, como legendas. Tais *streams* de áudio e vídeo precisam ser codificados, e aí entram os codecs. Vídeo e áudio podem ser codificados em centenas de diferentes maneiras; contudo, no que diz respeito a HTML5, apenas umas poucas são relevantes.

Codecs de Vídeo

Para assistirmos a um vídeo, o tocador tem de decodificá-lo. Infelizmente, o tocador de vídeo que usamos pode não ser capaz de decodificar o vídeo que desejamos ver. Alguns tocadores usam *software* para decodificar o vídeo, o que pode ser lento ou consumir muita CPU. Outros tocadores usam decodificadores em *hardware*, o que limita o que podem tocar. Por ora, há três formatos de vídeo que precisamos conhecer se quisermos começar a usar o *tag* video de HTML5: H.264, Theora e VP8.

Codecs e Navegadores que os Suportam

H.264
[IE9, S4, C3, IOS]

Theora
[F3.5, C4, O10]

VP8
[IE9 (se codec estiver instalado), F4, C5, O10.7]

H.264
H.264 é um codec de alta fidelidade, padronizado em 2003 e criado pelo grupo MPEG. Para suportar dispositivos simples, como telefones móveis e, ao mesmo tempo, acomodar vídeo para dispositivos de alta definição, o padrão H.264 é dividido em vários perfis, que compartillham um conjunto de características; contudo, perfis de nível mais alto oferecem opções adicionais que melhoram a qualidade. Por exemplo, tanto iPhone como Flash Player podem tocar vídeo com H.264, mas iPhone suporta somente o perfil básico (*baseline*) de baixa qualidade, enquanto Flash Player suporta *streams* de alta qualidade. É possível codificar um vídeo uma vez e embutir múltiplos perfis, de modo que possa ser tocado com qualidade em várias plataformas.

H.264 é um padrão de fato, devido aos suportes da Microsoft e da Apple, que não exigem licença. Além disto, o YouTube, do Google, converteu seus vídeos ao codec H.264 para que pudessem ser tocados em iPhone, e Flash Player, da Adobe, também o suporta. No entanto, esta não é uma tecnologia aberta: é patenteada e seu uso está sujeito aos termos da licença. Produtores de conteúdo devem pagar *royalty* para codificar seus vídeos com H.264, mas isto não se aplica a conteúdo disponibilizado livremente aos usuários finais[2].

Proponentes de *software* livre se preocupam com a possibilidade de que donos de direitos autorais passem a exigir *royalties* elevados dos produtores de conteúdo. Esta preocupação levou à criação e à promoção de codecs alternativos.

---

2 http://www.reelseo.com/mpeg-la-announces-avc-h264-free-license-lifetime/

Theora

Theora é um codec livre desenvolvido pela Fundação Xiph.Org. Embora produtores de conteúdo possam criar vídeos de qualidade com Theora, fabricantes de dispositivos têm sido morosos em adotá-lo. Firefox, Chrome e Opera são capazes de, sem recorrerem a *software* adicional, tocar vídeos codificados com Theora ou com qualquer outra plataforma, mas Internet Explorer, Safari e dispositivos baseados em iOS não. Apple e Microsoft desconfiam de "patentes submarinas", um termo usado para descrever patentes em que o solicitante da patente propositadamente atrasa a publicação e a concessão da mesma e aguarda discretamente enquanto outros implementam a tecnologia. Na hora certa, o dono da patente "emerge" e passa a exigir *royalties* de um incauto mercado.

VP8

VP8, de Google, é um codec completamente aberto e livre de *royalties*, com qualidade similar à de H.264. Este codec é suportado por Mozilla, Google Chrome e Opera; Internet Explorer 9, da Microsoft, promete suportar VP8 desde que o usuário tenha já instalado um codec. VP8 também é suportado pelo Flash Player da Adobe, o que o torna uma alternativa interessante. O codec não é suportado por Safari nem por dispositivos baseados em iOS, o que significa que, embora este codec seja de uso livre, produtores de conteúdo que desejem distribuir conteúdo de vídeo a iPhones e iPads ainda precisam usar o codec H.264.

Codecs de Áudio

Como se não bastasse a competição entre padrões de vídeo para complicar as coisas, ainda temos de nos preocupar com a competição entre padrões para áudio.

Codecs e Suporte por Navegadores

AAC
    [S4, C3, IOS]

MP3
   [IE9, S4, C3, IOS]

Vorbis (OGG)
   [F3, C4, O10]

Advanced Audio Coding (AAC - Codificação Avançada de Áudio)

Este é o formato de áudio usado pela Apple em sua iTunes Store. Foi projetado para oferecer a mesma qualidade que MP3, com arquivos praticamente do mesmo tamanho, e também múltiplos perfis de áudio, como H.264. Ademais, assim como H.264, este não é um codec livre e tem taxa de licença. Todos os produtos da Apple tocam arquivos AAC, assim como Flash Player da Adobe e o o tocador de fonte aberta VLC.

Vorbis (OGG)

Este formato de fonte aberta e sem cobrança de *royalties* é suportado por Firefox, Opera e Chrome, e também é usado pelos codecs Theora e VP8. Arquivos Vorbis têm muito boa qualidade de áudio, mas não são largametne suportados por tocadores de música em *hardware*.

MP3

O formato MP3, embora extremamente popular e comum, não é suportado por Firefox e Opera, pois também é protegido por patente. Este formato é suportado por Safari e Google Chrome.

Codecs de vídeo e de áudio devem ser empacotados juntos para distribuição e tocar os arquivos. Falemos, agora, sobre contêineres de vídeo.

Contêineres e Codecs, Trabalhando Juntos

Um contêiner é um arquivo de metadado que identifica e intercala arquivos de áudio ou vídeo. Um contêiner, na verdade, não inclui qualquer informação sobre como os dados que contém foram codificados. Essencialmente, um contêiner "embrulha" *streams* de áudio e vídeo. Contêineres podem conter qualquer combinação de mídia codificada; no que diz respeito a vídeo na *web*, tais combinações incluem:

- Contêiner OGG, com vídeo Theora e áudio Vorbis, funciona em Firefox, Chrome e Opera.
- Contêiner MP4, com vídeo H.264 e áudio AAC, funciona em Safari e Chrome. Também funciona com Flash Player de Adobe e em iPhones, iPods e iPads.
- Contêiner WebM, com vídeo VP8 e áudio Vorbis, funciona em Firefox, Chrome, Opera e Flash Player da Adobe.

Tendo em vista que Google e Mozilla estão levando VP8 e WebM adiante, podemos eliminar Theora do elenco; contudo, pelo que as coisas indicam, ainda buscamos codificação de vídeo duas vezes: uma para usuários de Apple (que, nos Estados Unidos, correspondem a uma pequena porção do mercado de computadores *desktop* e a uma grande porção do mercado de dispositivos móveis) e outra para usuários de Firefox e Opera, pois estes dois navegadores se recusam a tocar H.264[3].

Isto é bastante para nos preocuparmos. Agora que entendemos a história e a limitação da codificação de áudio e de vídeo, exploremos sua implementação prática, começando com áudio.

15 Uso de Áudio

EspetaculoSA está desenvolvendo um *site* para divulgar algumas faixas de áudio livres de *royalties*, e gostaria de ver um modelo de página de demonstração para uma coleção de faixas de áudio. Quando completarmos esta tarefa, teremos uma lista de faixas de áudio e um visitante poderá ouvir cada uma com rapidez. Não precisamos nos preocupar em escolher faixas de áudio para este projeto, pois o engenheiro de som do cliente forneceu as amostras necessárias, nos formatos MP3 e OGG. O Apêndice C fornece alguma informação sobre como podemos codificar nossos próprios arquivos de áudio.

---

[3] http://lists.whatwg.org/pipermail/whatwg-whatwg.org/2009-June/020620.html

Construção da Lista Básica

O engenheiro de som nos forneceu quatro amostras: tambores, órgão, baixo e guitarra. Precisamos descrever cada amostra usando marcação HTML. Aqui está a marcação para a faixa de tambores:

```
html5_audio/audio.html
<article class="sample">
  <header><h2>Tambores</h2></header>
  <audio id="drums" controls>
    <source src="sounds/ogg/drums.ogg" type="audio/ogg">
    <source src="sounds/mp3/drums.mp3" type="audio/mpeg">
    <a href="sounds/mp3/drums.mp3">Baixe drums.mp3</a>
  </audio>
</article>
```

Primeiro, definimos o elemento audio e informamos ao mesmo que desejamos que alguns controles sejam exibidos. A seguir, definimos múltiplas fontes para o arquivo. Definimos as versões MP3 e OGG da amostra e exibimos um *link* para permitir que o visitante baixe o arquivo MP3 diretamente, caso o navegador não suporte o elemento audio.

Esta porção básica de código funciona em Chrome, Safari e Firefox. Coloquemos este código em um *template* HTML5 com as outras três amostras de áudio.

```
html5_audio/audio.html
<article class="sample">
  <header><h2>Tambores</h2></header>
  <audio id="drums" controls>
    <source src="sounds/ogg/drums.ogg" type="audio/ogg">
    <source src="sounds/mp3/drums.mp3" type="audio/mpeg">
    <a href="sounds/mp3/drums.mp3">Baixe drums.mp3</
```

```
a>
    </audio>
</article>
<article class="sample">
   <header><h2>Violão</h2></header>
   <audio id="guitar" controls>
      <source src="sounds/ogg/guitar.ogg" type="audio/ogg">
      <source src="sounds/mp3/guitar.mp3" type="audio/mpeg">
      <a href="sounds/mp3/guitar.mp3">Baixe guitar.mp3</a>
    </audio>
</article>
<article class="sample">
   <header><h2>Órgão</h2></header>
   <audio id="organ" controls>
      <source src="sounds/ogg/organ.ogg" type="audio/ogg">
      <source src="sounds/mp3/organ.mp3" type="audio/mpeg">
      <a href="sounds/mp3/organ.mp3">Baixe organ.mp3</a>
    </audio>
</article>
<article class="sample">
   <header><h2>Baixo</h2></header>
   <audio id="bass" controls>
      <source src="sounds/ogg/bass.ogg" type="audio/ogg">
      <source src="sounds/mp3/bass.mp3" type="audio/mpeg">
      <a href="sounds/mp3/bass.mp3">Baixe bass.mp3</a>
    </audio>
</article>
</body>
</html>
```

Quando abrimos a página em um navegador compatível com HTML5, cada entrada na lista terá seu próprio tocador de áudio, como ilustrado na Figura 7.1. O próprio navegador cuida de tocar o áudio quando clicamos no botão Tocar.

Quando abrimos a página em Internet Explorer, o *link* para baixar cada arquivo é mostrado, pois o navegador não entende o elemento áudio. Isto exige uma boa solução de compatibilização; vejamos o que podemos fazer.

Compatibilização

Suporte de compatibilização de áudio está embutido no próprio elemento. Definimos múltiplas fontes para nosso áudio usando o elemento source e fornecemos *links* para que os arquivos de áudio possam ser baixados. Caso não possa processar o elemento audio, o navegador exibirá o *link* que colocamos no campo correspondente. Podemos ir um passo além e usar Flash como alternativa de compatibilização, depois que definirmos as fontes.

Figura 7.1: *Nossa página em Safári.*

Contudo, esta pode não ser a melhor abordagem. Podemos encontrar um navegador que suporte o elemento audio, mas não suporte os formatos fornecidos. Por exemplo, podemos decidir que não vale a pena fornecer múltiplos formatos. Ademais, o padrão HTML5 menciona especificamente que o suporte de compatibilização de áudio não deve ser usado para alocar conteúdo que possa ser lido por leitores de tela.

A solução mais simples consiste em mover o *link* para baixar arquivo para fora do elemento audio e usar JavaScript para ocultá-lo:

```
html5_audio/advanced_audio.html
  <article class="sample">
    <header><h2>Drums</h2></header>
    <audio id="drums" controls>
```

```
    <source src="sounds/ogg/drums.ogg" type="audio/
ogg">
    <source src="sounds/mp3/drums.mp3" type="audio/
mpeg">
  </audio>
  <a href="sounds/mp3/drums.mp3">Baixe drums.mp3</a>
</article>
```

Devemos, então, detectar suporte ao elemento audio e ocultar os *links*. Para fazer isto, criamos um novo elemento audio em JavaScript e verificamos se o mesmo responde ao método canPlayType():

▎ html5_audio/advanced_audio.html
```
var canPlayAudioFiles = !!(document.
createElement('audio' ).canPlayType);
```

Avaliamos a resposta e ocultamos qualquer âncora que esteja aninhada nas seções das amostras.

▎ html5_audio/advanced_audio.html
```
$(function(){
    var canPlayAudioFiles = !!(document.
createElement('audio' ).canPlayType);
    if(canPlayAudioFiles){
$(".sample a" ).hide();
  };
});
```

Compatibilização com áudio é relativamente simples e alguns dos usuários de nosso *site* podem tirar proveito da possibilidade de baixar o arquivo tão facilmente.

Tocar arquivos de áudio no navegador sem recorrer a *software* externo é apenas o início. Navegadores estão começando a suportar as APIs JavaScript de HTML5 para áudio e vídeo, sobre o que falaremos em breve (*API JavaScript para Conteúdo de Mídia*).

16 Inclusão de Vídeo

EspetaculoSA deseja exibir uma nova série de vídeos de treinamento em seu *website* e deseja que os vídeos possam ser vistos na maior variedade possível de dispositivos, incluindo iPad. Como teste, nos forneceram dois vídeos da série "Dicas de Photoshop", que usaremos para construir um protótipo. Felizmente, nos deram os arquivos de vídeo nos formatos H.264, Theora e VP8, de modo que podemos nos concentrar na construção da página.[4]

O *tag* video funciona exatamente como o elemento audio. Devemos apenas fornecer as fontes e Chrome, Firefox, Safari, iPhone, iPad e Internet Explorer 9 tocarão o vídeo sem a necessidade de recorrer a qualquer *plug-in*. A marcação para nosso primeiro arquivo de vídeo, 01_blur, é:

```
html5video/index.html
<article>
  <header>
    <h2>Saturação com Defocalização</h2>
  </header>
  <video controls>
    <source src="video/h264/01_blur.mp4">
    <source src="video/theora/01_blur.ogv">
    <source src="video/webm/01_blur.webm">
    <p>Seu navegador não sporta o tag video.</p>
  </video>
</article>
```

Definimos o *tag* video com controles. Para informar, de modo implícito, a este *tag* que não deve tocar automaticamente, *não* incluímos o atributo autoplay.

Para nos assegurarmos de que os navegadores de *web* saibam como servir nossos arquivos de vídeo, devemos criar, na mesma pasta em que reside nossa nova página *web*, um novo arquivo .htaccess para definir os tipos MIME para os vídeos:

```
html5video/.htaccess
AddType video/ogg .ogv
```

---
[4] O Apêndice C fornece mais informação sobre como codificar arquivos de vídeo.

```
AddType video/mp4   .mp4
AddType video/webm  .webm
```

Figura 7.2: *Nosso vídeo exibido usando o tocador de vídeo HTML5 de Safari.*

Uma vez que carreguemos estes arquivos no servidor de *web*, nossos vídeos serão tocados em uma variedade de navegadores, e nossos usuários verão um tocador de vídeo similar ao ilustrado na Figura 7.2.

Ainda não conseguimos chegar aos usuários de Internet Explorer 8 e versões anteriores. Precisamos usar Flash para que funcione.

Compatibilização

Para dar suporte adequado a uma solução de compatibilização baseada em Flash e ainda usar vídeo de HTML5, posicionamos o código-objeto de Flash no interior do *tag* video. O *site* Video For Everybody [Vídeos para Todos][5] delineia este processo em detalhes; aqui, apresentaremos somente uma implementação básica.

Flowplayer[6] é um tocador baseado em Flash, capaz de tocar nosso vídeo codificado em H.264. Baixamos a versão em fonte aberta do tocador e, para manter as coisas organizadas, posicionamos os arquivos flowplayer--x.x.x.swf e flowplayer-controls-x.x.x.swf na pasta swf do projeto.

A seguir, incluímos este código no *tag* video, logo após o último elemento source:

---

5 http://videoforeverybody
6 http://flowplayer.org/download/index.html

▌ html5video/index.html
```
<object width="640" height="480" type="application/x-shockwave-flash"
    data="swf/flowplayer-3.2.2.swf" >
    <param name="movie" value="swf/flowplayer-3.2.2.swf" />
    <param name="allowfullscreen" value="true" />
    <param name="flashvars"
       value='config={"clip" :{"url" :"../video/h264/01_blur.mp4" ,
                            "autoPlay" :false,
                            "autoBuffering" :true
                           }
                   }' />
<img src="video/thumbs/01_blur.png"
     width="640" height="264" alt="Poster Image"
     title="Sem capacidade para tocar vídeo." />
</object>
```

Devemos estar atentos a esta parte:

▌ html5video/index.html
```
<param name="flashvars"
   value='config={"clip" :{"url" :"../video/h264/01_blur.mp4" ,
                        "autoPlay" :false,
                        "autoBuffering" :true
                       }
               }' />
```

A localização da fonte do arquivo de vídeo deve ser *em relação* à localização de Flowpayer. Como posicionamos Flowplayer na pasta swf, devemos usar esta rota ../video/h264/01_blur.mp4 para que o tocador veja o vídeo.

Usamos *tags de autofechamento (self-closing tags)*. Em HTML5, como já discutido, em geral não precisamos de autofechamento em *tags* vazios como <img> e <source>, mas há alguns antigos navegadores de *web* que não processam o

Capítulo 7 ◄ Inclusão de Áudio e Vídeo ► 143

elemento <source> de modo adequado e, assim, jamais exibem o conteúdo de compatibilização. Elementos <source> de autofechamento são a solução sugerida para casos como este.

Quando carregarmos a página em Internet Explorer, o vídeo toca e não precisamos codificá-lo em *outro* formato, graças a Flowplayer. Os usuários de Internet Explorer verão a Figura 7.3[7].

Figura 7.3: Nosso vídeo em Internet Explorer, usando Flowplayer.

É claro que ainda devemos encontrar uma solução para pessoas que não têm suporte nativo de vídeo *e* não têm Flash instalado. Para isto, deixaremos que estas pessoas baixem nosso conteúdo de vídeo, adicionando uma seção com *links* para baixar os arquivos:

▌ html5video/index.html
```
<section class="downloads">
   <header>
     <h3>Para Baixar</h3>
   </header>
   <ul>
      <li><a href="video/h264/01_blur.mp4">H264,
tocável na maioria das plataformas</a></li>
```

---

[7] A especificação padrão de segurança de Flash pode impedir que Flowplayer carregue o vídeo, a menos que o tocador e o vídeo sejam servidos a partir de um servidor de web.

```
    <li><a href="video/theora/01_blur.ogv">Formato
OGG</a></li>
    <li><a href="video/webm/01_blur.webm">Formato
WebM</a></li>
  </ul>
</section>
```

Podemos usar Java Script para ocultar estes *links* se vídeo de HTML5 for suportado:

```
function canPlayVideo() {
    return !!document.createElement('video').canPlayType;
}
if(canPlayVideo()){
    $(#videos .downloads).hide();
}
```

API JavaScript Para Conteúdo de Mídia

Neste capítulo, apenas exploramos superficialmente as APIs JavaScript para os elementos audio e video. A API completa é capaz de detectar os tipos de arquivos de áudio que o navegador pode tocar, e provê métodos para controlar a execução dos elementos audio.

Na seção *Uso de Áudio*, construímos uma página com múltiplas amostras de áudio. Podemos usar a API JavaScript para fazer com que todas as amostras toquem (quase) ao mesmo tempo. Aqui está uma abordagem bem simplificada:

```
html5_audio/advanced_audio.html
  var element = $("<p><input type='button' value='Play all'/></p>")
element.click(function(){
    $("audio").each(function(){
        this.play();
    })
});
$("body").append(element);
```

Criamos um botão "Tocar tudo" que, quando pressionado, varre os elementos audio na página e chama o método play() em cada elemento.

Podemos fazer coisas similares com vídeo. Há métodos que iniciam e pausam elementos e consultam a hora.

Infelizmente, à época da escrita deste livro, a API JavaScript não era bem suportada em todas as partes. Isto não deve desencorajar o leitor de explorar as possibilidades delineadas no padrão[*] e ver o que é possível.

[*] http://www.w3.org/TR/html5/video.html#media-elements

• •

Esta solução utiliza uma técnica de detecção muito parecida com a empregada em *Uso de Áudio*. Em nosso caso, faz mais sentido deixar que as pessoas baixem estes vídeos para uso em seus iPods e iPads, de modo que possam vê-los mais atrde.

Limitações de Vídeo de HTML5

Há três importantes limitações que, atualmente, reduzem a utilidade de vídeo de HTML5.

Primeira, vídeo de HTML5 não tem provisão para distribuição (*streaming*) dos arquivos de vídeo. Usuários devem se familiarizar com a busca de uma parte específica de um vídeo. Isto é algo que tocadores de vídeo baseados em Flash fazem excepcionalmente bem, resultado do empenho da Adobe para que Flash fosse uma plataforma de distribuição de vídeo. Para efetuar uma busca com vídeo de HTML5, o arquivo deve ser baixado completamente nos navegadores. Isto pode mudar com o tempo.

Segunda, não há como gerenciar direitos. *Sites* como Hulu[8], que desejam evitar cópias piratas de seu conteúdo, não podem depender de vídeo de HTML5. Flash permanece como uma solução viável para estes casos.

Terceira, e mais importante, o processo de codificação de vídeos é custoso e consome muito tempo. A necessidade de codificar em múltiplos formatos torna vídeo de HTML5 menos atraente. Por esta razão, vemos numerosos

[8] http://www.hulu.com

sites fornecendo vídeo no formato H.264, protegido por patente, para que, usando uma combinação do *tag* vídeo de HTML5 e Flash, possa ser tocado em iPods e iPads.

Estas questões não derrubarão HTML5, mas devemos estar atentos a elas antes de usarmos vídeo de HTML5 para substituir Flash como veículo de distuibuição de vídeo.

Áudio, Vídeo e Acessibilidade

Nenhuma das soluções de compatibilização funciona bem para usuários com alguma deficiência. Na verdade, o padrão HTML5 ressalta este fato explicitamente. Um usuário com deficiência auditiva nada ganhará com a possibilidade de baixar o arquivo de áudio, e um usuário com deficiência visual não terá muito uso para um arquivo de vídeo que pode baixar para ver fora do navegador. Quando provemos conteúdo aos usuários, sempre que possível, devemos prover alternativas úteis. Arquivos de vídeo e de áudio devem ter transcrições para que as pessoas possam consultar. Para produtores de conteúdo, transcrições são de implementação simples, se forem planejadas desde o início, pois podem vir direto dos scripts que escrevem. Se uma transcrição não for possível, devemos considerar um resumo que ressalte as partes importantes do vídeo.

•••
Atenção à Indústria de Entretenimento para Adultos

A indústria de entretenimento para adultos teve grande influência sobre a tecnologia da internet, de *e-commerce* à ascenção de Flash[*]. E faz o mesmo com vídeo de HTML5[†]. Dispositivos como iPhone e iPad são mais pessoais do que computadores *desktop* e *laptops*, e não rodam Flash. Por esta razão, numerosos *websites* voltados para adultos já começaram a substituir a distribuição de vídeo com Flash por HTML5 com vídeo H.264. É interessante ressaltar que estes *sites* não parecem preocupados com o fato de que vídeo de HTML5, no momento, não provê qualquer tipo de gerenciamento de direitos.

A indústria para adultos jamais teme se arriscar, e veremos alguns avanços em vídeo de HTML5 em consequência de seu interesse nesta tecnologia.

[*] http://chicagopressrelease.com/news/in-tech-world-porn-quietly-leads-the-way

[†] http://news.avn.com/articles/Joone-Points-to-HTML-5-as-Future-of-Web-Content-Delivery-401434.html
•••

```
html5video/index.html
<section class="transcript">
  <h2>Transcrição</h2>
  <p>Arrastamos a camada existente até o novo fundo
no fundo
da paleta de Camada para criar uma nova cópia.</p>
  <p>A seguir, vamos ao menu Filtro e escolhemos
"Desfocalização Gaussiana".Alteramos o grau de desfo-
calização apenas o sufi ciente para perdemos um pouco
dos detalhes da imagem.</p>
  <p>Agora, clicamos duas vezes na camada para editá-
la e alterar o modo de mistura para "Sobreposição".
Podemos, então, ajustar o grau do efeito mudando o
controle deslizante de opacidade.</p>
  <p>Desta forma, obtemos uma imagem ligeiramente re-
alçada.</p>
</section>
```

Podemos ocultar a transcrição ou *link* para ela a partir da página principal de vídeo. Uma transcrição é muito útil, desde que a façamos de modo que seja encontrada e seguida com facilidade.

Futuro

Suporte a áudio de primeira classe em navegadores abre inúmeras novas possibilidades para desenvolvedores. Aplicações de *web* baseadas em JavaS-criot podem disparar efeitos sonoros e alarmes com facilidade sem terem de recorrer a Flash para embutir o áudio. Vídeo nativo possibilita a disponibi-lização de vídeo a dispositivos como iPhone, e também nos dá um método aberto e padronizado de interagirmos com vídeo usando JavaScript. O que é mais importante, seremos capazes de tratar *clips* de vídeo e áudio da mesma forma que tratamos imagens, marcando-os semanticamente e facilitando sua identificação.

Apelo Visual

Capítulo 8

Como desenvolvedores de *web*, estamos sempre interessados em tornar nossas interfaces de usuários um pouco mais atraentes, e CSS3 provê várias maneiras para que possamos fazer isto. Podemos usar fontes personalizadas na página, criar elementos com cantos arredondados e com sombras, usar gradientes como fundo (segundo plano) e podemos girar elementos, de modo que as coisas não pareçam pesadas e maçantes. Podemos fazer tudo isto sem recorrer a Photoshop ou outros programas gráficos, e este capítulo nos mostra como. Iniciaremos suavizando a aparência de um formulário com o uso de alguns cantos arredondados. A seguir, construiremos um protótipo de estandarte (*banner*) para uma exposição de negócios e aprenderemos como adicionar sombras, rotações, gradientes e opacidade. Por fim, falaremos como usar a facilidade @fonte-face de CSS3 e empregar fontes mais bonitas no *blog* da empresa.

Neste capítulo, exploraremos as seguintes facilidades de CSS3[1]:

border-radius [border-radius: 10px;]
Arredonda cantos de elementos. *[C4, F3, IE9, S3.2, O10.5]*

Suporte a RGB [background-color: rgba(255,0,0,0.5);]
Usa cor RGB, em vez de códigos hex, juntamente com transparência. *[C4, F3.5, IE9, S3.2, O10.1]*

box-shadow [box-shadow: 10px 10px 5px #333;]
Cria sombras em elementos. *[C3, F3.5, IE9, S3.2, O10.5]*

Rotação: [transform: rotate(7.5deg);]
Gira qualquer elemento. *[C3, F3.5, IE9, S3.2, O10.5]*

Gradientes: [linear-gradient(top, #fff, #efefef);]
Cria gradientes para uso como imagens. *[C4, F3.5, S4]*

---

1 Na descrição seguinte, o suporte de navegador é mostrado entre colchetes, segundo um código conciso e o número da versão mais antiga suportada. Os códigos usados são: *C*: Google Chrome; *F*: Firefox; *IE*: Internet Explorer; *O*: Opera; *S*: Safari; *IOS*: dispositivos iOS com Mobile Safari; *A*: Android Browser.

@font-face [@font-face { font-family: AwesomeFont; }
src: url(http://example.com/awesomeco.ttf); font-weight: bold; }]
Permite o uso de fontes específicas via CSS. *[C4, F3.5, IE5+, S3.2, O10.1]*

17 Suavização de Bordas Agudas

Na *web*, tudo *é* retangular, por *default*. Campos de formulários, tabelas e até mesmo seções de páginas de *web* têm uma aparência pesada, com cantos agudos, o que, ao longo dos anos, levou muitos *designers* a buscar diferentes técnicas para arredondar os cantos destes elementos, de modo a suavizar um pouco a interface.

CSS3 suporta o arredondamento de cantos com facilidade, o que é também suportado por Firefox e Safari há algum tempo. Infelizmente, Internet Explorer ainda não se juntou a este grupo. Contudo, podemos contornar esta dificuldade de modo simples.

Suavização de Um Formulário de *Login*

As estruturas e modelos para um projeto requerem campos de formulários com cantos arredondados. Arredondemos, primeiro, estes cantos usando somente CSS3. Nosso objetivo é a criação de algo parecido com a Figura 8.1.

Para o formulário de *login*, usaremos uma porção muito simples de HTML:

```
css3roughedges/rounded_corners.html
<form action="/login" method="post">
    <fieldset id="login">
        <legend>Log in</legend>
        <ol>
          <li>
            <label for="email">Email</label>
            <input id="email" type="email"
name="email">
          </li>
          <li>
```

Capítulo 8 ◂ Apelo Visual ▸ 151

```
        <label for="password">Senha</label>
        <input id="password" type="password"
name="password" value="" autocomplete="off"/>
      </li>
      <li><input type="submit" value="Log in"></li>
    </ol>
  </fieldset>
</form>
```

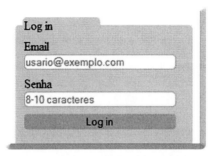

Figura 8.1: Formulário com cantos arredondados.

Apliquemos um pouco de estilo ao formulário para melhorar sua aparência:

■ css3roughedges/style.css
```
fieldset{
  width: 216px;
  border: none;
  background-color: #ddd;
}
fieldset legend{
  background-color: #ddd;
  padding: 0 64px 0 2px;
}
fieldset>ol{list-style: none;
  padding:0;
  margin: 2px;
}
fieldset>ol>li{
  margin: 0 0 9px 0;
```

```
    padding: 0;
}
/* Força entradas em suas próprias linhas */
fieldset input{
  display:block;
}
input{
  width: 200px;
  background-color: #fff;
  border: 1px solid #bbb;
}
input[type="submit"]{
  width: 202px;
  padding: 0;
  background-color: #bbb;
}
```

Estes estilos básicos removem marcadores de listas e asseguram que campos de entrada sejam todos do mesmo tamanho. Feito isto, podemos aplicar o efeito de cantos arredondados a todos os elementos.

Seletores Específicos de Navegadores

Como o padrão CSSe ainda não está completo, fabricantes de navegadores adicionaram algumas facilidades próprias e decidiram aplicar um prefixo às suas implementações. Tais prefixos permitem que fabricantes de navegadores introduzam facilidades antes que se tornem parte do padrão final e, como não seguem o padrão atual, podem implementá-lo e, ao mesmo tempo, manter suas próprias facilidades. Em geral, as versões com prefixos de fabricantes concordam com o padrão CSS; mas algumas vezes, encontramos diferenças. Infelizmente, isto significa que os usuários devem declarar os raios de cantos para cada navegador.

Firefox usa este seletor:

■ css3roughedges/style.css
```
  -moz-border-radius: 5px;
```

Navegadores baseados em WebKit, como Safari e Chrome, usam este seletor:

- css3roughedges/style.css
```
-webkit-border-radius: 5px;
```

Para arredondar todos os campos de entrada do formulário, precisamos de uma regra CSS do tipo:

- css3roughedges/style.css
```
input, fieldset, legend{
   border-radius: 5px;
   -moz-border-radius: 5px;
   -webkit-border-radius: 5px;
}
```

Para termos cantos arredondados, adicionamos isto ao arquivo style.css.

Compatibilização

Tudo funciona em Firefox, Safari e Google Chrome, mas não em Internet Explorer, de modo que precisamos implementar algo para contornar esta dificuldade.

Desenvolvedores de *web* há muito arredondam cantos usando imagens de fundo (segundo plano) e outras técnicas; contudo, vamos manter as coisas o mais simples possível. Podemos detectar raios de cantos com JavaScript e arredondar os cantos com diferentes técnicas. Para este exemplo, usaremos jQuery, o *plug-in* Corner de jQuery e uma modificação deste *plug-in* para arredondar cantos de campos de texto.

Suporte à Detecção de Cantos Arredondados

Nossa solução de compatibilização parece com a usada na *Compatibilização* do Tópico 9. Incluiremos a biblioteca jQuery e o *plug-in*, detectaremos se o navegador suporta nosso atributo; se não suportar, ativaremos o *plug-in*.

Neste caso, precisamos detectar a presença da propriedade border-radius de CSS e devemos, também, verificar os prefixos específicos de navegadores, como webkit e moz.

Criamos corner.js e adicionamos esta função:

▌css3roughedges/corner.js
```
function hasBorderRadius(){
  var element = document.documentElement;
  var style = element.style;
  if (style){
    return typeof style.borderRadius == "string" ||
      typeof style.MozBorderRadius == "string" ||
      typeof style.WebkitBorderRadius == "string" ||
      typeof style.KhtmlBorderRadius == "string" ;
  }
  return null;
}
```

Agora, podemos detectar se o navegador não suporta cantos arredondados; escrevemos o código para a implementação do arredondamento. Felizmente, existe um *plug-in* que pode nos ajudar nesta tarefa.

jQuery Corners

jQuery Corners[2] é um *plug-in* que arredonda cantos embrulhando elementos com *tags* div adicionais e aplicando estilo de modo que o elemento alvo pareça arredondado. O *plug-in* não funciona para campos de formulário; no entanto, com um pouco de imaginação, podemos fazê-lo funcionar juntamente com uma porção de jQuery.

• •
O Esforço Vale a Pena?

No exemplo em consideração, o cliente deseja cantos arredondados para todos os navegadores. Contudo, sempre que possível, devemos manter tais características opcionais. Embora algumas pessoas possam argumentar que

---
2 http://www.malsup.com/jquery/corner/

há um real benefício na suavização da aparência do formulário, devemos, primeiro, ter uma ideia de quantas pessoas usam navegadores que não suportam o arredondamento de cantos baseado em CSS. Caso os visitantes sejam principalmente usuários de Safari e Firefox, pode não valer a pena escrever e manter um script de detecção e de compatibilização.

• •

Primeiro, obtemos jQuery Corners e estabelecemos um *link* para ele a partir de nossa pagina HTML, e também para arquivo corner.js:

■ css3roughedges/rounded_corners.html
```
<script src="jquery.corner.js" charset="utf-8" type='text/javascript'></script>
<script src="corner.js" charset="utf-8" type='text/javascript'></script>
```

Agora, basta que escrevamos o código que invocará o arredondamento.

Plug-in formCorners

Escrevamos um *plug-in* jQuery de modo que possamos aplicar arredondamento com facilidade a todos os campos de formulário. Já tratamos da escrita de *plug-ins* jQuery na *Compatibilização* do Tópico 15; portanto, não precisamos repetir aqui. Apenas exploremos o código para este *plug-in*, que é parcialmente baseado em uma solução de Tony Amoyal[33].

Adicionemos este código ao arquivo corners.js:

■ css3roughedges/corner.js
```
(function($){

    $.fn.formCorner = function(){
        return this.each(function() {
            var input = $(this);
            var input_background = input.css("background-color" );
```

---

3 http://www.tonyamoyal.com/2009/06/23/text-inputs-with-rounded-corners-using-jquery-withoutimage/

```
        var input_border = input.css("border-color" );
input.css("border" , "none" );
        var wrap_width = parseInt(input.css("width" )) +
4;
        var wrapper = input.wrap("<div></div>" ).par-
ent();
        var border = wrapper.wrap("<div></div>" ).par-
ent();
wrapper.css("background-color" , input_background)
           .css("padding" , "1px" );
        border.css("background-color" ,input_border)
              .css("width" , wrap_width + "px" )
              .css('padding' , '1px' );
        wrapper.corner("round 5px" );
        border.corner("round 5px" );
    });
  };
})(jQuery);
```

Tomamos um objeto jQuery, que pode ser um elemento ou uma coleção de elementos, embrulhamo-lo com dois *tags* div e arredondamos seus cantos. Primeiro, fazemos o div mais interno da mesma cor que o segundo plano da entrada original e desligamos a borda do campo de formulário. A seguir, embrulhamos este campo em outro campo com sua própria cor de segundo plano, que é a cor original da borda da entrada, à qual aplicamos um pouco de preenchimento, que torna o contorno da borda visível. Imaginemos dois pedaços de papel de embrulho: um com 4 polegadas e outro com 3 polegadas de largura. Quando posicionamos o menor sobre o maior, vemos uma borda verde em torno de uma vermelha. Assim a coisa funciona.

Invocação do Arredondamento

Com o *plug-in* e a biblioteca de detecção em posição, podemos invocar o arredondamento.

Capítulo 8 < Apelo Visual > 157

Figura 8.2:
Formulário com cantos
arredondados em
Internet Explorer.

Adicionemos isto ao arquivo corners.js:

▌ css3roughedges/corner.js
```
Linha   1  $(function(){
   2    if(!hasBorderRadius()){
   3      $("input"  ).formCorner();
   4      $("fieldset" ).corner("round 5px" );
   5      $("legend"  ).corner("round top 5px cc:#fff" );
   6    }
   7  });
```

Arredondamos os três campos do formulário e o fieldset; por fim, na linha 5, arredondamos apenas a parte superior da legenda e especificamos que o corte do canto deve usar branco. O *plug-in* usa a cor original de segundo plano para a cor do corte, mas isto não é adequado aqui.

Caso suporte a propriedade border-radius, o navegador roda nosso *plug-in*. Caso contrário, usará o CSS que adicionamos depois.

Pequena Dificuldade

IE trata legendas de modo ligeiramente diferente. Podemos adicionar um pouco de estilo para IE, para empurrar a legenda do fieldset um pouco para cima, de modo que a aparência fique como em Firefox e Chrome.

▌ css3roughedges/rounded_corners.html
```
<link rel="stylesheet" href="style.css" type="text/
```

```
css" media="screen">
<!--[if IE]>
    <style>
        fieldset legend{margin-top: -10px }
    </style>
<![endif]-->
```

Agora, as coisas ficaram bem parecidas com os principais nevegadores; podemos ver a versão de Internet Explorer na Figura 8.2.

Cantos arredondados adicionam um pouco de suavidade às interfaces e são de uso muito simples. Dito isto, é importante que sejamos consistentes no emprego desta técnica e não exageremos, assim como fazemos com qualquer aspecto de *design*.

18 Uso de Sombras, Gradientes e Transformações

Embora chamem muito a atenção, cantos arredondados são apenas o início do que podemos fazer com CSS3. Podemos adicionar sombras a elementos para ressaltá-los do resto do conteúdo, usar gradientes para que segundos planos fiquem mais definidos e transformações para girar elementos. Usemos várias destas técnicas para montar um modelo de estandarte para o próximo EspetaculoShow, um evento de negócios que EspetaculoSA promove anualmente. O *designer* gráfico nos enviou o PSD ilustrado na Figura 8. 3. A única coisa que necessitamos do *designer* gráfico é a imagem de fundo das pessoas.

Estrutura Básica

Inicemos com a marcação da estrutura básica da página em HTML:

```
css3banner/index.html
<div id="conference">
    <section id="badge">
        <h3>Olá, Meu Nome É</h3>
        <h2>João</h2>
    </section>
```

```
    <section id="info">
    </section>
</div>
```

Podemos aplicar estilo com:

■ css3banner/style.css
```
#conference{
  background-color: #000;
  width: 960px;
  float:left;
  background-image: url('images/awesomeconf.jpg');
  background-position: center;
  height: 240px;
}
```

Figura 8.3: Conceito original para o estandarte, que podemos recriar com CSS3.

```
#badge{
  text-align: center;
  width: 200px;
  border: 2px solid blue;
}
#info{
  margin: 20px;
  padding: 20px;
  width: 660px;
  height: 160px;
}
```

```
#badge, #info{
  float: left;
  background-color: #fff;
}
#badge h2{
  margin: 0;
  color: red;
  font-size: 40px;
}
#badge h3{
  margin: 0;
  background-color: blue;
  color: #fff;
}
```

Com a aplicação desta folha de estilo, o crachá e a região de conteúdo são exibidos lado a lado, como ilustrado na Figura 8.4. Iniciemos aplicando estilo ao crachá.

Figura 8.4: Estandarte básico.

Adição de Gradiente

Podemos adicionar definição ao crachá substituindo o fundo branco por um sutil gradiente que vai do branco ao cinza claro. Este gradiente funciona em Firefox, Safari e Chrome, mas a implementação é diferente para Firefox. Chrome e Safari usam a sintaxe de WebKit, que é a proposta original, enquanto Firefox usa uma sintaxe próxima à da proposta de W3C. Novamente, usaremos prefixos de navegadores, como vimos na seção *Seletores Específicos de Navegadores*[4].

4 http://dev.w3.org/csswg/css3-images/#linear-gradients

```
css3banner/style.css
#badge{
  background-image: -moz-linear-gradient(
    top, #fff, #efefef
  );
  background-image: -webkit-gradient(
    linear,left top, left bottom,
    color-stop(0, #fff),
    color-stop(1, #efefef)
  );
  background-image: linear-gradient(
    top, #fff, #efefef
  );
}
```

Firefox usa o método -moz-linear-gradient, em que especificamos o ponto de partida do gradiente, seguido pela cor inicial e pela cor final.

Navegadores baseados em WebKit permitem que especifiquemos o parâmetro color-stop. No exemplo em questão, vamos apenas do branco ao cinza; mas, se fosse preciso o acréscimo de cores, bastaria que adicionássemos um color-stop na definição.

Adição de uma Sombra ao Crachá

Podemos fazer, com facilidade, que o crachá pareça estar adiante do estandarte com a adição de uma sombra. Tradicionalmente, isto seria feito em Photoshop, com a adição da sombra à imagem ou com sua inserção como imagem de fundo. No entanto, a propriedade box-shadow de CSS3 permite que definamos uma sombra facilmente em nosso elemento[5].

Apliquemos esta regra para dar uma sombra ao crachá:

---

[5] http://www.w3.org/TR/css3-background/#the-box-shadow

css3banner/style.css

```
#badge{
  -moz-box-shadow: 5px 5px 5px #333;
  -webkit-box-shadow: 5px 5px 5px #333;
  -o-box-shadow: 5px 5px 5px #333;
  box-shadow: 5px 5px 5px #333;
}
```

A propriedade box-shadow tem quatro parâmetros. O primeiro é o deslocamento horizontal: um número positivo significa que a sombra cai para direita do objeto; um número negativo significa que a sombra cai para a esquerda. O segundo parâmetro é o deslocamento vertical: números positivos fazem a sombra aparecer abaixo da caixa; enquanto números negativos fazem a sombra aparecer acima do elemento.

O terceiro parâmetro é o raio da desfocalização (*blurr*). Um valor 0 dá uma aparência aguda; um valor alto torna a sombra mais desfocada. O último parâmetro define a cor da sombra.

Podemos testar estes valores para ver como a coisa funciona e, então, escolher os que nos pareçam mais adequados. Ao trabalhar com sombras, é interessante que reflitamos sobre como elas atuam no mundo real. Com uma lanterna, iluminemos objetos, ou os observemos sob a luz do sol. Este uso de perspectiva é importante, pois a criação de sombras inconsistentes pode deixar a interface mais confusa, especialmente se elas forem aplicadas incorretamente a múltiplos elementos. A abordagem mais simples consiste em usar a mesma especificação para cada sombra criada.

Sombras em Texto

Além de adicionar estilo a elementos, também podemos aplicar sombras a textos. Tudo funciona como box-shadow:

```
h1{text-shadow: 2px 2px 2px #bbbbbb;}
```

Especificamos os deslocamentos X e Y, o grau de desfocalização e a cor da sombra. IE 6, 7 e 8 também suportam isto com o filtro Shadow:

```
filter: Shadow(Color=#bbbbbb,
   Direction=135,
   Strength=3);
```

Isto é o mesmo que aplicar uma sombra a um elemento. Sombras em texto criam um efeito bonito, mas podem dificultar a leitura, se forem muito fortes.

Aplicação de Rotação ao Crachá

Podemos usar transformações CSS3 para girar, mudar a escala e distorcer elementos, da mesma forma que faríamos com programas gráficos vetoriais, como Flash, Illustrator e Inkscape[6]. Isto pode ajudar o realce de elementos, e representa outra forma de evitar que uma página de *web* tenha uma aparência "pesada". Apliquemos uma rotação ao crachá de modo que se destaque a borda reta do estandarte.

```
css3banner/style.css
#badge{
   -moz-transform: rotate(-7.5deg);
   -o-transform: rotate(-7.5deg);
   -webkit-transform: rotate(-7.5deg);
   -ms-transform: rotate(-7.5deg);
   transform: rotate(-7.5deg);
}
```

Rotação com CSS3 é muito simples. Tudo o que precisamos fazer é fornecer o ângulo de rotação. Todos os elementos contidos em elementos que sofrem rotação também são girados.

Aplicação de rotação é tão simples quanto o arredondamento de cantos, mas não devemos abusar deste recurso. O objetivo do projeto de uma interface é torná-la usável. Se rotação for aplicada a elementos que contêm muita informação, devemos assegurar que os usuários ainda consigam ler o conteúdo sem ter de virar a cabeça demasiadamente!

---

6 http://www.w3.org/TR/css3-2d-transforms/#transform-property

Fundos Transparentes

Designers gráficos usam camadas semitransparentes atrás de texto há algum tempo; o processo geralmente requer a preparação de uma imagem em Photoshop ou a sobreposição de uma imagem PNG transparente em outro elemento com CSS. O padrão CSS3 nos permite definir cores de fundo com uma nova sintaxe que suporta transparência.

Ao estudar desenvolvimento de *web*, aprendemos a definir cores usando códigos hexadecimais. Definimos a quantidade de vermelho, verde e azul por meio de pares de números: 00 é "tudo desligado" ou "nenhuma cor", e FF "tudo ligado". Assim, a cor vermelho seria FF0000 ou "tudo ligado para vermelho, tudo desligado para azul, tudo desligado para verde".

CSS3 introduz as funções rgb e rgba. A função rgb funciona como o equivalente hexadecimal, mas usamos valores entre 0 e 255 para as cores. A cor vermelho é definida como rgb(255,0,0).

A função rgba funciona como a função rgb, mas aceita um quarto parâmetro para definir o grau de opacidade. Se usarmos 0, não veremos qualquer cor, fica tudo transparente. Para que a caixa branca fique semitransparente, usamos esta regra de estilo:

```
css3banner/style.css
#info{
   background-color: rgba(255,255,255,0.95);
}
```

Quando trabalhamos com valores de transparência como este, a especifição de contraste dos usuários pode, às vezes, afetar a aparência resultante; portanto, devemos ter o cuidado de testar o valor utilizado e verificar o desempenho em diferentes navegadores, para garantir um resultado consistente.

Já que estamos tralhando com a seção info do estandarte, arredondemos um pouco os cantos:

▌ css3banner/style.css
```
#info{
   moz-border-radius: 12px;
   webkit-border-radius: 12px;
   o-border-radius: 12px;
   border-radius: 12px;
}
```

Com isto, nosso estandarte terá boa aparência em Safari, Firefox e Chrome. Agora, implementemos uma folha de estilo para Internet Explorer.

Compatibilização

As técnicas usadas nesta seção funcionam bem em IE 9 e também com Internet Explorer 6, 7, e 8! Precisamos apenas dos filtros DirectX da Microsoft para utilizá-las. Isto significa que recorreremos a um comentário condicional para carregar uma folha de estilo específica para IE. Precisaremos, também, de JavaScript para criar o elemento section, para que possamos aplicar estilo com CSS, pois estas versões de IE não reconhecem este elemento naturalmente.

▌ css3banner/index.html
```
<!--[if lte IE 8]>
    <script>
      document.createElement("section" );
    </script>
    <link rel="stylesheet" href="ie.css" type="text/css" media="screen">
<![endif]-->
</head>
<body>
    <div id="conference">
      <section id="badge">
        <h3>Olá, Meu Nome É</h3>
        <h2>João</h2>
  </section>
  <section id="info">
```

```
        </section>
      </div>
    </body>
</html>
```

Os filtros DirectX funcionam em IE 6, 7 e 8; contudo, em IE 8, os filtros são invocados de modo distinto, o que requer que definamos cada um dos filtros duas vezes. Vejamos, inicialmente, como girar elementos.

Rotação

Podemos girar elementos usando estes filtros, mas isto não é tão simples como especificar um ângulo de rotação. Para obter o efeito desejado, precisamos usar o filtro Matrix e especificar cossenos e senos do ângulo da rotação. Especificamente, precisamos passar o cosseno, o negativo do valor do seno, o seno e cosseno novamente[7]:

▌ css3banner/filters.css
```
filter: progid:DXImageTransform.Microsoft.Matrix(
    sizingMethod='auto expand',
      M11=0.9914448613738104,
      M12=0.13052619222005157,
      M21=-0.13052619222005157,
      M22=0.9914448613738104
);
-ms-filter: "progid:DXImageTransform.Microsoft.Matrix(
    sizingMethod='auto expand',
      M11=0.9914448613738104,
      M12=0.13052619222005157,
      M21=-0.13052619222005157,
      M22=0.9914448613738104
)";
```
Complicado? Sim, ainda mais quando examinamos o exemplo anterior com atenção. Recordemos que o ângulo original era 7,5 graus *negativos*. Assim, para o *negativo* do seno, precisamos de um valor positivo e para o seno, um *valor negativo*.

Matemática é difícil. Tratemos dos gradientes.

---
[7] Faremos uma transformação linear com uma matriz 2x2.

Gradientes

O filtro Gradient de Internet Explorer funciona como o do padrão, exceto por devermos escrever um número maior de caracteres. Fornecemos a cor inicial, a cor final e o gradiente simplesmente surge.

▌ css3banner/filters.css
```
filter: progid:DXImageTransform.Microsoft.gradient(
   startColorStr=#FFFFFF, endColorStr=#EFEFEF
);
-ms-filter: "progid:DXImageTransform.Microsoft.gradient(
   startColorStr=#FFFFFF, endColorStr=#EFEFEF
)";
```

Diferentemente de outros navegadores, aplicamos o gradiente diretamente ao elemento e não à propriedade background-image.

Usemos este filtro mais uma vez para definir o fundo transparente para a seção info.

Transparência

O filtro Gradient aceita valores hexadecimais para as cores inicial e final, usando os dois primeiros dígitos para definir o grau de transparência. Podemos obter um efeito muito próximo do que desejamos com este código:

▌ css3banner/filters.css
```
background: none;
filter:
   progid:DXImageTransform.Microsoft.gradient(
   startColorStr=#BBFFFFFF, endColorStr=#BBFFFFFF
);
-ms-filter: "progid:DXImageTransform.Microsoft.gradient(
```

```
startColorStr='#BBFFFFFF', EndColorStr='#BBFFFFFF'
)";
```
O funcionamento destes códigos hex de oito dígitos é parecido com o da função rgba, exceto por o valor de transparência ser o primeiro e não o último. Assim, temos alfa, vermelho, verde e azul.

Devemos remover as propriedades de fundo neste elemento para que funcione em IE 7. Quem está nos seguindo e tentando construir esta folha de estilo deve ter notado que a coisa ainda não funciona, mas podemos consertar isto.

Tudo Junto

Um dos problemas mais difíceis com estes filtros de IE é que não podemos defini-los por partes. Para aplicar múltiplos filtros a um único elemento, devemos defini-los em uma lista separada por vírgula. Aqui está a folha de estilo para IE:

```
css3banner/ie.css
#info{
  background: none;
  filter:
    progid:DXImageTransform.Microsoft.gradient(
    startColorStr=#BBFFFFFF, endColorStr=#BBFFFFFF
);
  -ms-filter: "progid:DXImageTransform.Microsoft.gradient(
startColorStr='#BBFFFFFF', EndColorStr='#BBFFFFFF'
)";
}
```

Figura 8.5: Estandarte visto em Internet Explorer 8.

```
#badge{
  filter:
    progid:DXImageTransform.Microsoft.Matrix(
      sizingMethod='auto expand',
          M11=0.9914448613738104,
          M12=0.13052619222005157,
          M21=-0.13052619222005157,
          M22=0.9914448613738104
    ),
    progid:DXImageTransform.Microsoft.gradient(
      startColorStr=#FFFFFF, endColorStr=#EFEFEF
),
    progid:DXImageTransform.Microsoft.Shadow(
      color=#333333, Direction=135, Strength=3
  );
-ms-filter: "progid:DXImageTransform.Microsoft.Matrix(
    sizingMethod='auto expand',
          M11=0.9914448613738104,
          M12=0.13052619222005157,
          M21=-0.13052619222005157,
          M22=0.9914448613738104
  ),
    progid:DXImageTransform.Microsoft.gradient(
      startColorStr=#FFFFFF, endColorStr=#EFEFEF
),
    progid:DXImageTransform.Microsoft.Shadow(
      color=#333333, Direction=135, Strength=3
  )";
}
```

É muito código para obter o resultado desejado, mas mostra que o uso destas facilidades é possível. Se analisarmos a Figura 8.5, veremos que chegamos bem próximo. O que falta fazer é arredondar os cantos na seção info; o Tópico 17, *Suavização de Bordas Agudas*, nos mostra como fazer isto.

Embora estes filtros sejam incômodos e peculiares, vale a pena explorá-los em projetos, pois nos permitem oferecer aos usuários de IE experiência similar à de usuários de outros navegadores.

Devemos ter em mente que os efeitos examinados nesta seção são relativos à apresentação. Quando criamos a folha de estilo inicial, tomamos o cuidado de aplicar cores de fundo, de modo que o texto fosse legível. Navegadores que não entendem a sintaxe CSS3 ainda conseguem exibir a página de modo que seja legível.

19 Uso de Fontes Reais

Tipografia é muito importante para a sensação do usuário. Um livro tem fontes que foram cuidadosamente selecionadas por pessoas que sabem como escolhê-las, além do espaçamento correto para facilitar a leitura do texto. Estes conceitos são igualmente importantes na *web*.
As fontes que escolhemos para transmitir uma mensagem aos leitores afetam o modo como estes a interpretam. Aqui está uma fonte que é perfeitamente apropriada para uma banda *heavy-metal*:

Contudo, isto pode não funcionar bem como fonte para a capa deste livro:

Como vemos, a escolha da fonte que casa com a mensagem é muito importante. O problema é que desenvolvedores de *web* têm à sua disposição um conjunto limitado de fontes, comumente conhecidas como fontes "adequadas à *web*". Estas são as fontes largamente utilizadas na maioria dos sistemas operacionais dos usuários.

Para contornar esta dificuldade, historicamente, usamos imagens para as fontes e as acrescentamos diretamente à marcação da página ou usamos outros métodos, como imagens de fundo de CSS ou sIFR[8], que processa fontes com Flash. O módulo Fonts de CSS3 oferece uma alternativa muito mais interessante.

@font-face

A instrução @font-face foi introduzida como parte do padrão CSS2 e implementada em Internet Explorer 5. Todavia, a implementação da Microsoft usou uma fonte denominada Embedded Open-Type (EOT) e, atualmente, a maioria das fontes têm o formato TrueType ou OpenType, suportadas por outros navegadores.

Fontes e Direitos

Algumas fontes não são de uso livre. Assim como com fotografias profissionais e outros materiais protegidos por *copyright*, devemos respeitar os direitos e licenças do que utilizamos em um *website*. Se comprarmos uma fonte, temos o direito de usá-la no logotipo e imagens em nossas páginas. Isto é o chamado direito de uso. Todavia, a abordagem @font-face introduz um tipo distinto de licenciamento: o direito de redistribuição.

Quando embutimos uma fonte em uma página, os usuários terão de baixá-la, o que significa que nosso *site* passa a distribuí-la. Devemos estar totalmente seguros de que fontes que empregamos em nossas páginas permitem este tipo de uso.

Typekit* tem disponível uma grande biblioteca de fonts licenciadas, e fornece ferramentas e códigos que facilitam a integração com nosso *site*. Este não é um serviço gratuito, mas o custo é bem razoável, caso precisemos de uma fonte específica.

Google oference a API Google Font[†], similar a Typekit, mas contém somente fontes de uso livre.

Estes dois serviços empregam JavaScript para carregar as fontes, de modo que devemos assegurar que nosso conteúdo possa ser lido com facilidade por usuários sem JavaScript.

---

8 http://www.mikeindustries.com/blog/sifr

Desde que nos lembremos de tratar fontes como qualquer outro recurso, não teremos dificuldades.

*. http://www.typekit.com/
†. http://code.google.com/apis/webfonts/

● ●

O diretor de *marketing* de EspetaculoSA decidiu que a companhia devia padronizar uma fonte tanto para material impresso como para a *web*. A companhia nos pediu para explorar uma fonte denominada Garogier, simples, delgada e totalmente liberada para uso comercial. Como um teste, apliquemos esta fonte ao exemplo de *blog* criado no Tópico 1, *Redefinição de um Blog Usando Marcação Semântica*. Assim, todos podem ver esta fonte em ação.

> **Pergunta do João. . .**
>
> **Como Posso Converter Minhas Próprias Fontes?**
> Para quem desenvolveu sua própria fonte ou comprou os direitos de uma fonte e precisa disponibilizá-la em múltiplos formatos, o *website* FontSquirrel oferece um conversor* que fornece as fontes convertidas e uma folha de estilo com o necessário código@font-face. Contudo, a licença da fonte pretendida deve permitir este tipo de uso.
> *. http://www.fontsquirrel.com/fontface/generator

Formatos de Fontes

Fontes são disponíveis em uma variedade de formatos e os navegadores pretendidos determinam os formatos a serem servidos aos visitantes.

Formatos e Suporte de Navegadores

Embedded OpenType (EOT) [IE5–8]

TrueType (TTF) [IE9, F3.5, C4, S4]

OpenType (OTF) [IE9, F3.5, C4, S4, O10.5]

Scalable Vector Graphics (SVG) [IOS]

Web Open Font (WOFF) [IE9, F3.6]

Versões de Internet Explorer anteriores a 9 suportam somente um formato denomidado Embedded OpenType (EOT). Outros navegadores também suportam as fontes mais comuns TrueType e OpenType.

Microsoft, Opera e Mozilla, em conjunto, criaram Web Open Font Format, que permite compressão sem perda e melhores opções de licença para fabricantes de fontes.

Para alcancar todos estes navegadores, é necessário que as fontes estejam disponíveis em múltiplos formatos.

Como Mudar Fontes

A fonte usada nesta frase encontra-se disponível em FontSquirrel, nos formatos TrueType, WOFF, SVG e EOT, que funcionam muito bem.

O uso de fontes envolve dois passos: definição da fonte e a sua associação aos elementos. Na folha de estilo para o *blog*, adicionemos este código:

```
css3fonts/style.css
  @font-face {
  font-family: 'GarogierRegular';
  src: url('fonts/Garogier_unhinted-webfont.eot');
  src: url('fonts/Garogier_unhinted-webfont.woff')
format('woff'),
     url('fonts/Garogier_unhinted-webfont.ttf')
format('truetype'),
```

---

9 Esta fonte pode ser obtida de http://www.fontsquirrel.com/fonts/Garogier ou junto com os códigos do livro.

* A fonte Garogier não inclui caracteres com acento, que são exibidos na fonte default do texto. (N.T.)

```
    url('fonts/Garogier_unhinted-webfont.
svg#webfontew0qE0O9') format('svg');
font-weight: normal;
}
```

Primeiro, definimos a família da fonte, dando-lhe um nome; a seguir, fornecemos as fontes. Colocamos a versão Embedded OpenType primeiro, de modo que IE a encontre logo; depois, fornecemos as outras fontes. Um dado navegador vasculhará as fontes até achar uma que funcione para ele.

Agora que definimos a família da fonte, podemos usá-la na folha de estilo. Alteraremos a folha de estilo original da seguinte forma:

■ css3fonts/style.css
```
body{
    font-family: "GarogierRegular";
}
```

Com esta alteração, o texto da página é exibido na nova fonte, como ilustrado na Figura 8.6.

A aplicação de fontes é relativamente simples nos modernos navegadores, mas devemos também considerar navegadores que ainda não oferecem este suporte.

Figura 8.6: Blog com a nova fonte aplicada[10]*.

---

* A fonte Garogier não inclui caracteres com acento, que são exibidos na fonte default do navegador. (N.T.)

Compatibilização

Já providenciamos soluções de compatibilização para várias versões de IE e de outros navegadores, mas ainda precisamos assegurar que nossas páginas sejam legíveis em navegadores que suportam a facilidade @font-face.
Fornecemos versões alternativas da fonte Garogier; mas na sua aplicação, não especificamos qualquer fonte para compatibilização. Isto significa que, se não suportar a fonte Garogier, o navegador usará sua fonte *default*. Isto pode não ser o ideal.

Pilhas de fontes (*font stacks*) são listas de fontes ordenadas por prioridade. Podemos, primeiro, especificar a fonte que *realmente* queremos que seja empregada pelos usuários e, depois, outras fontes adequadas para compatibilização.

Na criação de uma pilha de fontes, devemos ter o cuidado de buscar fontes que sejam, de fato, adequadas a uma solução alternativa. Espaçamento entre letras, largura do traço e aparência geral devem ser similares. O *website* UnitInteractive tem um excelente artigo sobre este assunto[11].

Alteremos nossa fonte da seguinte forma:

```
css3fonts/style.css
font-family: "GarogierRegular", Georgia,
             "Palatino", "Palatino Linotype",
             "Times", "Times New Roman", serif;
```

Aqui, oferecemos uma grande pilha de fontes alternativas, o que deve ajudar a preservar a aparência do *blog*. O resultado não é perfeito em todos os casos, mas é melhor do que depender da fonte *default*, que, algumas vezes, pode ser de difícil leitura.

Fontes têm grande poder para tornar uma página mais atraente e de leitura mais fácil. Vale a pena explorar o uso de diferentes fontes, pois há uma grande variedade delas, tanto de uso livre como licenciado, à nossa espera.

---

10 http://unitinteractive.com/blog/2008/06/26/better-css-font-stacks/

Futuro

Neste capítulo, exploramos algumas formas pelas quais CSS3 substitui técnicas tradicionais de desenvolvimento de *web*, mas apenas arranhamos a superfície. O padrão CSS3 fala sobre transformações 3D e, até mesmo, animações simples; isto significa que podemos usar folhas de estilo no lugar de JavaScript para prover interação aos usuários, mais ou menos como fazemos com :hover.

Ademais, alguns navegadores já suportam múltiplas imagens de segundo plano e bordas *dégradés*. Por fim, devemos estar atentos a melhoras para conteúdo paginado, como suporte a cabeçalhos e rodapés dinâmicos e numeração de páginas.

Os módulos CSS3, quanto estiverem completos, facilitarão muito a criação de elementos de interface mais ricos, melhores e mais convidativos ao usuário; portanto, devemos estar atentos a estes novos recursos.

Parte III
Além do HTML5

Uso de Dados no Lado Cliente

Falamos sobre marcação HTML5 e CSS3; agora, voltemos nossa atenção a algumas das tecnologias e facilidades associadas a HTML5. Troca de Mensagens entre Documentos (*Cross-document Messaging*) e suporte *offline*, por exemplo, permitem comunicação entre domínios e criam soluções para que o usuário possa trabalhar *offline*.

Alguns recursos, como Web Storage, Web SQL Databases e Web Sockets tiveram origem no padrão HTML5. Outros, como Geolocation, nunca fizeram parte do padrão, mas fabricantes de navegadores e desenvolvedores os associaram a HTML5, pois o padrão é implementado juntamente com outras facilidades.

Esta parte do livro trata destas facilidades, com mais atenção àquelas que já são utilizáveis. Também dedicaremos um capítulo à discussão de coisas que estão por vir. Iniciemos com uma exploração de Web Storage e Web SQL Storage, dois padrões que permitem armazenagem de dados no cliente.

Quem se recorda de quando cookies eram incríveis? Desde que surgiram, tem sido árduo trabalhar com eles; contudo, tivemos de nos adaptar, pois têm sido a única forma de armazenar informação em máquinas de clientes. Temos de dar um nome aos cookies e especificar sua data de expiração.

Isto implica uma porção de código JavaScript, que envolvemos em uma função, para não termos de pensar como tudo funciona; algo do tipo:

```
html5_localstorage/setcookie.js
// via http://www.javascripter.net/faq/settinga.htm
function SetCookie(cookieName,cookieValue,nDays) {
var today = new Date();
var expire = new Date();
if (nDays==null || nDays==0) nDays=1;
expire.setTime(today.getTime() + 3600000*24*nDays);
document.cookie = cookieName+"=" +escape(cookieValue)
            + ";expires=" +expire.toGMTString();
}
```

Além da sintaxe de difícil memorização, há questões relativas à segurança. Alguns *sites* usam cookies para restrear o comportamento de navegação do usuário, o que faz com que usuários, de alguma forma, desabilitem cookies.

HTML5 introduz algumas novas opções para armazenagem de dados no cliente:
Web Storage (usando localStorage ou sessionStorage)[1] e Web SQL Databases[2]. Estes recursos são de uso simples, muito poderosos e razoavelmente seguros. Melhor ainda, já são implementados por diversos navegadores, incluindo Mobile Safari de iOS e o navegador de Android 2.0. Contudo, não mais fazem parte do padrão HTML5, pois acabaram por se tornar padrões independentes.

Embora não possam substituir cookies que serão compartilhados entre cliente e servidor, como no caso de estruturas de *web* que usam cookies para manter o status entre solicitações, localStorage, sessionStorage e Web SQL Databases podem ser usados para armazenar dados que interessem somente ao cliente, como especificações de visualização e preferências. Também são uteis na construção de aplicações móveis que rodam no navegador, sem conexão com a internet. Muitas aplicações de *web* recorrem a um servidor para armazenagem de dados do usuário; todavia, com estes novos mecanismos de armazenagem, uma conexão de internet deixa de ser uma necessidade fundamental. Dados do usuário podem ser armazenados localmente e cópias de segurança podem ser feitas quando necessário.

Quando combinamos estes métodos com os novos recursos *offline* de HTML5, podemos construir completas aplicações de base de dados diretamente no navegador, e que funcionarão em uma grande variedade de plataformas, desde computadores *desktop* a iPads e telefones baseados em Android. Neste capítulo, aprenderemos como usar estas técnicas para persistir especificações de usuário e criar uma simples base de dados de notas.

Neste capítulo, exploraremos as seguintes facilidades[3]:

---

1 http://www.whatwg.org/specs/web-apps/2007-10-26/#storage
2 http://www.whatwg.org/specs/web-apps/2007-10-26/#sql
3 Na descrição a seguir, o suporte do navegador é mostrado entre colchetes, segundo um código conciso e a versão mais antiga suportada. Os códigos usados são: *C:* Google Chrome; *F:* Firefox; *IE:* Internet Explorer;

Capítulo 9 ◂ Uso de Dados no Lado Cliente ▸ 181

localStorage
Armazena dados em pares chave/valor, associados a um domínio, que persistem entre sessões do navegador. *[C5, F3.5, S4, IE8, O10.5, IOS, A]*

sessionStorage
Armazena dados em pares chave/valor, associados a um domínio, que são apagados ao término da sessão do navegador. *[C5, F3.5, S4, IE8, O10.5, IOS, A]*

Bases de Dados Web SQL
Bases de dados totalmente relacionais, com suporte à criação de tabelas, inserções, atualizações, apagamentos e seleções, com transações. Associadas a um domínio e persistem entre sessões. *[C5, S3.2, O10.5, IOS3.2, A2]*

Aplicações de *Web Offline*
Define arquivos a serem guardados em cache para uso *offline*, permitindo que aplicações rodem sem uma conexão com a internet. *[C4, S4, F3.5, O10.6, IOS3.2, A2]*

20 Guarda de Preferência com localStorage

O mecanismo localStorage provê um método muito simples para que desenvolvedores persistam dados na máquina do cliente. O mecanismo localStorage é apenas um depósito de nome/valor embutido no navegador de *web*.
Informação armazenada em localStorage persiste entre sessões do navegador e não pode ser lida por outros *websites*, pois é restrita ao domínio visitado.[4]
A empresa EspetaculoSA está no processo de desenvolver um novo portal de serviços e deseja que os usuários possam alterar o tamanho, fundo e cor do texto do *site*. Usemos localStorage para implementar isto, de modo que, quando salvarmos as alterações, estas persistam entre uma sessão do nevegador e a próxima. Quando estiver tudo pronto, teremos um protótipo como ilustrado na Figura 9.1.

O: Opera; *S:* Safari; *IOS:* dispositivos iOS com Mobile Safari; *A:* Android Browser.

4 Devemos ter cuidado qaundo desenvolvemos algo localmente. Se trabalhamos em um hospedeiro local (*localhost*), por exemplo, é muito fácil começarmos a misturar as variáveis!

Construção do Formulário de Preferências

Construamos um formulário usando a marcação semântica de HTML5 e alguns dos novos controles de formulário vistos no Capítulo 3, *Criação de Formulários de Web Amigáveis*. Queremos permitir que o usuário altere a cor do primeiro plano, a cor do segundo plano e o tamanho da fonte:

▌ html5_localstorage/index.html
```
<p><strong>Preferências</strong></p>
<form id="preferences" action="save_prefs"
      method="post" accept-charset="utf-8" >
  <fieldset id="colors" class="">
      <legend>Cores</legend>
      <ol>
        <li>
            <label for="background_color">Cor do Segun-
do plano</label>
            <input type="color" name="background_color"
value="" id="background_color" >
        </li>
```

Figura 9.1: Valores para as preferências do usuário são armazenados localmente via abordagem localStorage.

```
        <li>
            <label for="text_color">Cor do texto</label>
            <input type="color" name="text_color"
```

```
value="" id="text_color" >
      </li>
      <li>
        <label for="text_size">Tamanho do texto</label>
        <select name="text_size" id="text_size">
          <option value="16">16px</option>
          <option value="20">20px</option>
          <option value="24">24px</option>
          <option value="32">32px</option>
        </select>
    </ol>
  </fieldset>
<input type="submit" value="Save changes">
</form>
```

Usaremos os códigos de cores de HTML para definir as cores.

Como Salvar e Carregar as Especificações

Para trabalhar com o sistema localStorage, usamos JavaScript para acessar o objeto window.localStorage(). A especificação de um par nome/valor é muito simples:

▎ html5_localstorage/index.html
```
    localStorage.setItem("background_color", $("#background_color" ).val());
```

Recolher um valor é igualmente simples:

▎ html5_localstorage/index.html
```
    var bgcolor = localStorage.getItem("background_color" );
```

Criemos um método para salvar todas as especificações do formulário:

▎ html5_localstorage/index.html
```
    function save_settings(){
```

```
    localStorage.setItem("background_color",
$("#background_color" ).val());
    localStorage.setItem("text_color", $("#text_col-
or" ).val());
    localStorage.setItem("text_size", $("#text_size"
).val());
    apply_preferences_to_page();
  }
```

A seguir, construamos um método similar que carregará os dados do sistema localStorage e os colocará nos campos do formulário:

▌ html5_localstorage/index.html
```
function load_settings(){
  var bgcolor = localStorage.getItem("background_col-
or" );
  var text_color = localStorage.getItem("text_color" );
  var text_size = localStorage.getItem("text_size" );
  $("#background_color" ).val(bgcolor);
  $("#text_color" ).val(text_color);
  $("#text_size" ).val(text_size);
  apply_preferences_to_page();
}
```

Este método também chama outro método, que escreveremos a seguir, para aplicar as especificações à página.

Aplicação das Especificações

Agora que podemos recuperar as especificações de localStorage, precisamos aplicá-las à página. As preferências com que estamos trabalhando estão, de alguma forma, relacionadas a CSS, e podemos usar jQuery para modificar o estilo de qualquer elemento:

▌ html5_localstorage/index.html
```
function apply_preferences_to_page(){
  $("body" ).css("backgroundColor", $("#background_
```

```
color" ).val());
  $("body" ).css("color", $("#text_color" ).val());
  $("body" ).css("fontSize", $("#text_size" ).val() +
"px" );
}
```
Por fim, precisamos ativar tudo isto quando o documento estiver pronto:

▎html5_localstorage/index.html
```
$(function(){
  load_settings();
  $('form#preferences').submit(function(event){
    event.preventDefault();
    save_settings();
  });
});
```

Compatibilização

O método localStorage funciona somente nas versões mais recentes de Internet Explorer, Firefox, Chrome e Safari, de modo que necessitamos de um método de compatibilização para navegadores mais antigos. Diferentes abordagens são possíveis. Podemos salvar a informação no servidor ou podemos persistir as preferências no lado cliente usando cookies.

Armazenagem no Lado Servidor

Caso o usuário tenha uma conta em nosso sistema, podemos considerar a opção de fazer com que a página de preferências persista as especificações no cadastro do usuário na aplicação. Quando o usuário fizer *login*, podemos verificar se existe qualquer especificação do lado cliente e, em caso afirmativo, carregá-la do servidor. Assim, o usuário pode preservar suas especificações em vários navegadores e computadores.

Para persistir dados no servidor, basta que asseguremos que o formulário seja postado ao servidor: o comportamento *default* de submissão não deve ser inibido com JavaScript, caso não haja suporte para cookies.

Armazenagem no lado servidor é, de fato, o único método que funcionará se o usuário desabilitar JavaScript, pois podemos codificar nossa aplicação para que busque as especificações na base de dados, mas não a hash localStorage. Ademais, esta é a única abordagem que podemos adotar quando armazenarmos mais de 4 KB de dados, pois esta é a máxima quantidade de dados que pode ser armazenada em um cookie.

Cookies e JavaScript

A combinação testado-verdadeiro de cookies e JavaScript pode servir como uma solução decente de compatibilização. Usando o bem conhecido script de cookie de Quirksmode[5], podemos construir nossa própria solução de compatibilização para localStorage.

A detecção de suporte a localStorage no navegador é muito simples. Basta que verifiquemos a existência de um método localStorage no objeto window:

▎ html5_localstorage/index.html
```
if (!window.localStorage){
}
```

A seguir, precisamos de métodos para escrever os cookies, que aproveitaremos do artigo Quirksmode. Adicionemos, entre chaves, estas funções JavaScript a nosso script:

▎ html5_localstorage/index.html
```
function createCookie(name,value,days) {
  if (days) {
     var date = new Date();
     date.setTime(date.getTime()+(days*24*60*60*1000));
     var expires = "; expires=" +date.toGMTString();
  }
   else var expires = "" ;
   document.cookie = name+"=" +value+expires+"; path=/" ;
}
```

---
5 http://www.quirksmode.org/js/cookies.html

```
function readCookie(name) {
    var result = ""
    var nameEQ = name + "=" ;
    var ca = document.cookie.split(';');
    for(var i=0;i < ca.length;i++) {
        var c = ca[i];
        while (c.charAt(0)==' ') c = c.substring(1,c.length);
        if (c.indexOf(nameEQ) == 0){
result = c.substring(nameEQ.length,c.length);
        }else{
    result = "" ;
  }
 }
    return(result);
}
```

Por fim, queremos construir um objeto localStorage que use os cookies como *back-end*. Um exemplo muito esperto de como fazer isto funcionar é:

▌html5_localstorage/index.html

```
Linha 1  localStorage = (function () {
           -   return {
           -     setItem: function (key, value) {
           -       createCookie(key, value, 3000)
        5      },
```

sessionStorage

Podemos usar localStorage para coisas que desejamos persistir depois que nossos usuários fechem seus navegadores; contudo, às vezes, precisamos de uma forma para armazenar informação enquanto o navegador está aberto e descartá-la quando a sessão for encerrada. Aqui entra sessionStorage, que funciona da mesma forma que localStorage, mas o conteúdo de sessionStorage é descartado ao final da sessão do navegador. Em vez de colhermos o objeto localStorage, colhemos o objeto sessionStorage:

```
sessionStorage.setItem('name' , 'Bruno Rios' );
    var name = sessionStorage.getItem('name' );
```

A criação de uma solução de compatibilização para isto é tão simples quanto assegurar que os cookies que criamos expirem quando o navegador for fechado.

● ●

```
-      getItem: function (key) {
-      return(readCookie(key));
-   }
10 };
-   })();
```

Vejamos a linha 4. Criamos um cookie com data de expiração de 3.000 dias a partir de hoje. Não podemos criar cookies que jamais expirem; por isto, atribuímos uma duração tão grande.

Externamente, mantivemos a implementação básica de localStorage. Caso necessitemos remover itens ou limpar tudo, precisaremos ser um pouco mais criativos. Idealmente, num futuro próximo, poderemos remover esta solução e recorrer aos métodos localStorage() do navegador.

21 Armazenagem de Informação em Bases de Dados Relacionais no Lado Cliente

Os métodos localStorage e sessionStorage proveem uma forma simples para a armazenagem de pares nome/valor no computador do cliente; no entanto, algumas vezes, precisamos de mais do que isto. O padrão HTML5, inicialmente, incluia a capacidade de armazenagem de informação em bases de dados relacionais. Todavia, isto acabou se tornando um padrão separado denominado Web SQL Storage[6]. Quem tiver conhecimento básico de comandos SQL se sentirá em casa rapidamente. Para facilitar, usaremos Web SQL Storage para criar, recuperar, atualizar e destruir notas em uma base de dados no lado cliente.

---

6 http://dev.w3.org/html5/webdatabase/

CRUD no Navegador do Usuário

O termo CRUD, acrônimo de "Create, Retrieve, Update, and Delete"[7] [Criar, Recuperar, Atualizar e Apagar], descreve muito bem o que podemos fazer com uma base de dados no lado cliente. O padrão e suas implementações nos permitem inserir, selecionar, atualizar e apagar registros.

A empresa EspetaculoSA deseja prover sua equipe de vendas com uma aplicação simples para a coleta de informação em campo. Esta aplicação deve deixar que usuários criem notas, atualizem e apaguem notas existentes. Para que modifiquem notas existentes, os usuários devem recuperá-las da base de dados.

Os comandos SQL necessários à execução desta tarefa são listados a seguir:

Tipo	Comando
Criar uma nota ("Teste", "Isto é uma nota");	INSERT INTO notes (title, note) VALUES
Recuperar todas as notas	SELECT id, title, note FROM notes;
Recuperar uma nota específica	SELECT id, title, note FROM notes where id = 1;
Atualizar uma nota where id = 1;	UPDATE notes set title = "bar", note = "Changed"
Apagar uma nota	DELETE FROM notes where id = 1;

Pergunta do João...

O Padrão Web SQL Database Não Está Morto?

Em novembro de 2010, o grupo de trabalho que mantém o padrão declarou que não seguirá com o mesmo e que passará a focar o padrão IndexedDB. Web SQL Database é discutido neste livro por já ser implementado em navegadores baseados em Webkit, incluindo todos os dispositivos iOS e Android, Safari e Google Chrome. À época da escrita deste livro, IndexedDB não

---

7 Ou *Create, Read, Update, and Destroy* – Criar, Ler, Atualizar e Destruir.

era implementado em lugar nenhum; portanto, podemos usar Web SQL Databases em nossos projetos imediatamente. Isto pode ser exatamente o que precisamos.

Interface de Notas

A interface para a aplicação de notas consiste em uma barra lateral esquerda, que terá uma lista de notas já registrada e um formulário no lado direito, com um campo de título e uma área maior para a nota propriamente dita. A Figura 9.2 ilustra o modelo a ser construído.
Para começar, precisamos codificar a interface:

```
html5sql/index.html
<!doctype html>
<html>
  <head>
    <title>Notas de EspetaculoSA</title>
    <link rel="stylesheet" href="style.css">
    <script type="text/javascript"
       charset="utf-8"
       src=
       "http://ajax.googleapis.com/ajax/libs/jque-
ry/1.4.2/jquery.min.js" >
    </script>
    <script type="text/javascript"
       charset="utf-8" src="javascripts/notes.js" >
    </script>
  </head>
```

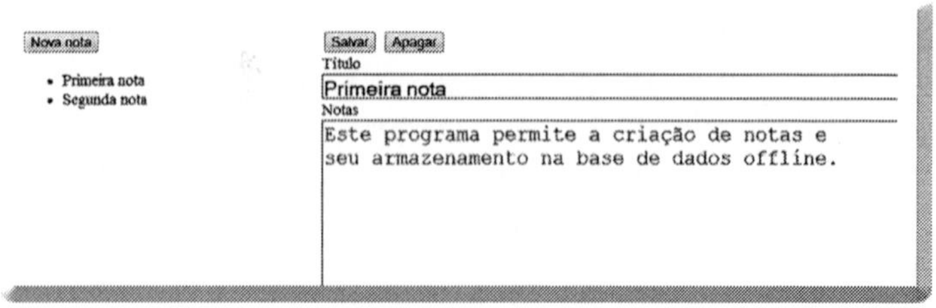

Figura 9.2: Interface para a aplicação de notas.

```
<body>
   <section id="sidebar">
      <input type="button" id="new_button" value="Nova nota">
      <ul id="notes">
      </ul>
   </section>
   <section id="main">
      <form>
         <ol>
            <li>
               <input type="submit" id="save_button" value="Salvar">
               <input type="submit" id="delete_button" value="Apagar">
            </li>
            <li>
               <label for="title">Título</label>
               <input type="text" id="title">
            </li>
            <li>
               <label for="note">Nota</label>
               <textarea id="note"></textarea>
            </li>
         </ol>
      </form>
   </section>
  </body>
</html>
```

Definimos a barra alteral e as regiões principais com *tags* section e demos IDs a cada controle importante da interface de usuário, como o botão Save. Isto facilita a localização de elementos para que possamos associar auditores de eventos (*event listeners*).

Para obtermos uma aparência como a da Figura 9.2, precisamos de uma folha de estilo. O arquivo style.css fica assim:

192 ◄ HTML5 e CSS3 ►

▌ html5sql/style.css
```css
#sidebar, #main{
  display: block;
  float: left;
}
#sidebar{
  width: 25%;
}
#main{
  width: 75%;
}
form ol{
  list-style: none;
  margin: 0;
  padding: 0;
}
form li{
  padding: 0;
  margin: 0;
}
form li label{
  display:block;
}
#title, #note{
  width: 100%;
  font-size: 20px;
  border: 1px solid #000;
}
#title{
  height: 20px;
}
#note{
  height: 40px;
}
```

Esta folha de estilo desliga os marcadores, dimensiona as áreas de texto e ajeita tudo em duas colunas. Com a interface pronta, podemos construir o JavaScript para que isto funcione.

Conexão com a Base de Dados

Precisamos fazer uma conexão e criar uma base de dados:

```
html5sql/javascripts/notes.js
// Referência à base de dados
var db = null;
// Criação de uma conexão com a base de dados local
connectToDB = function()
{
    db = window.openDatabase('awesome_notes' , '1.0' ,
'Base de Dados de EspetaculoSA' , 1024*1024*3);
};
```

Declaramos a variável db no início do script. Isto a disponibiliza para os outros métodos que criaremos.[8] A seguir, usando o método window.openDatabase, declaramos o método para conexão com a base de dados. Este método tem como argumentos de entrada o nome da base de dados, o número da versão, uma descrição e um parâmetro de tamanho.

Criação de uma Tabela de Notas

Nossa tabela deve ter três colunas:

Campo	Descrição
id	Identificação individual da nota. Chave (*key*) principal, inteiro, autoincrementação.
title	Título da nota, para fácil referência.
Note	A nota propriamente dita.

Criemos um método para gerar esta tabela:

---

[8] Isto coloca a variável no escopo global, mas isto nem sempre é uma boa ideia. Neste exemplo, mantemos o código JavaScript o mais simples possível.

▌ html5sql/javascripts/notes.js
```
createNotesTable = function()
{
  db.transaction(function(tx){
    tx.executeSql(
      "CREATE TABLE notes (id INTEGER \
      PRIMARY KEY, title TEXT, note TEXT)", [],
      function(){ alert('Base de dados de notas criada com sucesso!' ); },
      function(tx, error){ alert(error.message); } );
  });
};
```

Disparamos o comando SQL em uma transação (*transaction*) que tem dois métodos de *callback*: um para a execução bem-sucedida e outra para falha. Este é o padrão que empregaremos para nossas ações.

Reparemos que o método executeSql() também toma um *array* como segundo parâmetro. Este *array* é para associar (*binding*) *placeholders* às variaveis SQL. Isto nos permite evitar concatenação de *strings* e é similar a comandos preparados em outras linguagens. Neste caso, o *array* está vazio, pois não há *placeholders* a serem preenchidos em nossa consulta.

Com a primeira tabela pronta, podemos fazer esta aplicação trabalhar.

Carrregamento de Notas

Quando a aplicação é carregada, queremos conectar à base de dados, criar a tabela, se uma não existir, e recuperar algumas notas da base de dados:

▌ html5sql/javascripts/notes.js
```
// carrge todos os registros da tabela de notas da base de dados;
fetchNotes = function(){
    db.transaction(function(tx) {
    tx.executeSql('SELECT id, title, note FROM notes'
  , [],
```

Capítulo 9 ‹ Uso de Dados no Lado Cliente › 195

```
            function(SQLTransaction, data){
                for (var i = 0; i < data.rows.length; ++i) {
                    var row = data.rows.item(i);
                    var id = row['id' ];
                    var title = row['title' ];
                  addToNotesList(id, title);
                }
            });
        });
    };
```

Este método coleta os resultados da base de dados. Se for bem-sucedido, varre os resultados e chama o método addNoteToList, que definimos como:

▌ html5sql/javascripts/notes.js
```
// Adiciona o item da lista à lista de notas, dados
uma id e um título.
addToNotesList = function(id, title){
   var notes = $("#notes" );
   var item = $("<li>" );
   item.attr("data-id" , id);
   item.html(title);
  notes.append(item);
};
```

Embutimos a ID do registro em um atributo data personalizado. Usaremos esta ID para localizar o registro a ser carregado quando o usuário clicar no item da lista. O novo item de lista criado é, então, adicionado à lista não ordenada em nossa interface com a ID de notas. Agora, precisamos acrescentar o código para carregar este item no formulário quando uma nota for selecionada na lista.

Recuperação de um Registro Específico

Podemos adicionar um evento click a cada item da lista; todavia, uma abordagem mais prática consiste em observar qualquer clique na lista não ordenada e determinar qual item foi clicado. Assim, quando novas entradas forem adicionadas à lista (como quando uma nova nota é criada), não precisamos adicionar o evento click à lista.

Adicionemos este código à função jQuery:

▎html5sql/javascripts/notes.js
```
$("#notes" ).click(function(event){
    if ($(event.target).is('li' )) {
    var element = $(event.target);
    loadNote(element.attr("data-id" ));
  }
});
```

Isto dispara o método loadNote(), definido como:

▎html5sql/javascripts/notes.js
```
loadNote = function(id){
  db.transaction(function(tx) {
    tx.executeSql('SELECT id, title, note FROM notes
where id = ?' , [id],
    function(SQLTransaction, data){
      var row = data.rows.item(0);
      var title = $("#title" );
      var note = $("#note" );
      title.val(row["title" ]);
      title.attr("data-id" , row["id" ]);
      note.val(row["note" ]);
      $("#delete_button" ).show();
    });
  });
}
```

Este método é muito parecido com o anterior fetchNotes(), e dispara um comando SQL. Tratemos, então, da rota de sucesso. Desta vez, o comando contém um *placeholder* de interrogação (*question-mark placeholder*) e o valor verdadeiro está no segundo parâmetro, como um mebro do *array*.

Quando encontramos um registro, este é exibido no formulário. Este método também ativa o botão Apagar e embute a ID do registro em um atributo data personalizado, de modo que atualizações sejam processadas com facilidade. O botão Salvar verificará a existência da ID. Se existir, o registro é atualizado. Se não existir, assumimos que se trata de um novo registro. A seguir, escrevamos esta lógica.

Inserção, Atualização e Remoção de Registros

Quando um usuário clicar no botão Salvar, desejamos ativar o código para inserir um novo registro ou atualizar um registro existente. Para adicionar um manipulador (*handler*) de evento click ao botão Salvar, acrescentamos este código à função jQuery:

```
html5sql/javascripts/notes.js
$("#save_button" ).click(function(event){
    event.preventDefault();
    var title = $("#title" );
    var note = $("#note" );
    if(title.attr("data-id" )){
        updateNote(title, note);
    }else{
        insertNote(title, note);
    }
});
```

Este método verifica o atributo data-id do campo de título do formulário. Se o campo não tiver uma ID, o formulário assume que um novo registro deve ser inserido e invoca o método insertNote, definido como:

```
html5sql/javascripts/notes.js
insertNote = function(title, note)
{
    db.transaction(function(tx){
        tx.executeSql("INSERT INTO notes (title, note) VALUES (?, ?)" ,
        [title.val(), note.val()],
```

```
            function(tx, result){
            var id = result.insertId ;
            alert('Record ' + id+ ' saved!' );
            title.attr("data-id" , result.insertId );
            addToNotesList(id, title.val());
            $("#delete_button" ).show();
            },
            function(){
                alert('Não foi possível salvar a nota.' );
            }
        );
    });
};
```

O método insertNote() insere o registro na base de dados e usa a propriedade insertId do conjunto de resultados (*resultset*) para obter a ID do que acabou de ser inserido. Isto é, então, aplicado ao campo de título "title" do formulário como atributo data personalizado e é invocado o método addToNotesList() para adicionar a nota à lista no lado da página.

A seguir, precisamos cuidar das atualizações. O método updateNote() é parecido com os outros criados até aqui:

■ html5sql/javascripts/notes.js
```
updateNote = function(title, note)
{
  var id = title.attr("data-id" );
  db.transaction(function(tx){
    tx.executeSql("UPDATE notes set title = ?, note = ? where id = ?" ,
[title.val(), note.val(), id],
        function(tx, result){
            alert(‹Record ‹ + id + ‹ updated!› );
$("#notes>li[data-id=" + id + "]" ).html(title.val());
        },
        function(){
            alert('A nota não foi atualizada!' );
        }
```

```
        );
    });
};
```

Quando o comando de atualização tem sucesso, para atualizar o título da nota na lista, buscamos o elemento cujo campo data-id tem o valor da ID que acabamos de atualizar.

A remoção de registro é quase igual. Precisamos de um manipulador (*handler*) para o evento delete:

▎ html5sql/javascripts/notes.js
```
$("#delete_button" ).click(function(event){
    event.preventDefault();
    var title = $("#title" );
    deleteNote(title);
});
```

Agora, precisamos do método para remover registros; este método não apenas remove registros da base de dados, mas também os remove da lista de notas na barra lateral:

▎ html5sql/javascripts/notes.js
```
deleteNote = function(title)
{
    var id = title.attr("data-id" );
    db.transaction(function(tx){
        tx.executeSql("DELETE from notes where id = ?"
, [id],
        function(tx, result){
        alert(‹Record ‹ + id + ‹ deleted!› );
        $("#notes>li[data-id=" + id + "]" ).remove();
},
        function(){
        alert('A nota não foi removida!' );
        }
    );
    });
};
```

Agora, precisamos limpar o formulário para a criação de um novo registro sem duplicação acidental de uma nota existente.

Finalização

A aplicação de notas está quase completa. Precisamos apenas ativar o botão Nova nota, que, quando clicado, limpa o formulário, de modo que um usuário possa criar uma nova nota depois de ter editado uma já existente. Usaremos o padrão anterior: iniciamos com um manipulador de evento (*event handler*) no interior da função jQuery para o botão Nova nota:

▌ html5sql/javascripts/notes.js
```
$("#new_button" ).click(function(event){
   event.preventDefault();
   newNote();
});
//end:newbutton

   newNote();
});
```

A seguir, limpamos o atributo data-id do campo "title" e removemos os valores dos formulários. Ocultamos, ainda, o botão Apagar da interface:

▌ javascripts/notes.js
```
newNote = function(){
  $("#delete_button" ).hide();
  var title = $("#title" );
  title.removeAttr("data-id" );
  title.val("" );
  var note = $("#note" );
  note.val("" );
}
```

Este método newForm deve ser chamado de dentro da função jQuery quando a página é carregada, de modo que o formulário fique pronto para ser usado. Com isto, o botão Apagar também é ocultado.

Isso é tudo. Nossa aplicação funciona em iPhones, dispositivos baseados em Android e máquinas *desktop* que rodem Chrome, Safari e Opera. Contudo, são poucas as chances de que funcione em Firefox ou Internet Explorer.

Compatibilização

Ao contrário de outras soluções, não há boas bibliotecas disponíveis que nos permitam implementar diretamente armazenagem SQL; portanto, não temos como prover suporte nativo a usuários de Internet Explorer. Todavia, se este tipo de aplicação for, de fato, de nosso interesse, podemos convencer nossos usuários a utilizarem Google Chrome, que funciona em todas as plataformas, para esta aplicação específica. Esta não é uma prática incomum, especialmente se o emprego de um navegador alternativo permitir a construção de uma aplicação interna que também funcione em dispositivos móveis.

Uma alternativa é o uso do *plug-in* Google Chrome Frame[9]. Basta que adicionemos a linha a seguir ao topo da página HTML, logo abaixo do *tag* head:

```
html5sql/index.html
 <meta http-equiv="X-UA-Compatible" content="chrome=1">
```

Este *snippet* é lido pelo *plug-in* Google Chrome Frame, que é ativado para esta página.

Se quisermos detectar a presença do *plug-in* e, caso não estiver presente, instar os usuários a instalá-lo, podemos adicionar este *snippet* logo acima do *tag* body de fechamento:

```
html5sql/index.html
 <script type="text/javascript"
 src=
 "http://ajax.googleapis.com/ajax/libs/chrome-frame/1/
 CFInstall.min.js" >
 </script>
```

---
9 http://code.google.com/chrome/chromeframe/

```
<script>
  window.attachEvent("onload" , function() {
  CFInstall.check({
  mode: "inline" , // the default
  node: "prompt"
  });
  });
</script>
```

Isto dará ao usuário a opção de instalar *plug-in* e, assim, trabalhar com nosso *site*.

Google Chrome Frame pode não ser uma solução viável para uma aplicação de *web* a ser usada pelo grande público, mas funciona bem para aplicações internas, como a que acabamos de escrever. Pode ser que políticas corporativas de TI proíbam algo deste tipo; assim, deixamos a cargo do leitor decidir como obter aprovação para uma aplicação como esta, quando for o caso. A instalação de um *plug-in* tem, certamente, melhor relação custo-benefício do que a escrita de um sistema próprio de base de dados SQL.

22 Trabalho *Offline*

Com o suporte *Offline* de HTML5[10], podemos usar HTML e tecnologias associadas para construir aplicações que funcionem mesmo quando desconectadas da internet. Isto é particularmente útil no desenvolvimento de aplicações para dispositivos móveis, sujeitos à queda da conexão.

Esta técnica funciona em Firefox, Chrome e Safari, e também com dispositivos baseados em iOS e Android 2.0, mas não há solução de compatibilização que permita suporte *offline* para Internet Explorer.

A empresa EspetaculoSA acabou de comprar alguns iPads para sua equipe de vendas e gostaria que a aplicação de notas – desenvolvida no Tópico 21, *Armazenagem de Informação em Bases de Dados Relacionais no Lado Cliente* – funcionasse *offline*. Graças ao arquivo manifest de HTML5, esta é uma tarefa simples.

---

[10] http://www.w3.org/TR/html5/offline.html

Definição de Cache com Manifest

O arquivo manifest contém uma lista de todos os arquivos no lado cliente associados a aplicações de *web* que devem existir no cache do navegador-cliente para funcionamento *offline*. Cada arquivo referenciado pela aplicação deve estar listado aqui, para que as coisas funcionem a contento. A única exceção é que o arquivo que contém o manifest não precisa ser listado, pois é implicitamente colocado em cache.

Criemos um arquivo denominado notes.manifest. O conteúdo deste arquivo deve ser algo como:

```
html5offline/notes.manifest
CACHE MANIFEST
# v = 1.0.0
/style.css
/javascripts/notes.js
/javascripts/jquery.min.js
```

O comentário de versão neste arquivo nos dá algo que podemos alterar, de modo que navegadores saibam que devem buscar novas versões de nossos arquivos. Quando alteramos os códigos, devemos modificar o manifest.

Ademais, deixamos Google hospedar jQuery para nós, mas isto não funcionará se desejarmos que nossa aplicação funcione *offline*; portanto, precisamos baixar jQuery e modificar o *tag* script para carregar jQuery a partir de nossa pasta javascripts.

```
html5offline/index.html
<script type="text/javascript"
  charset="utf-8"
    src="javascripts/jquery.min.js" >
</script>
```

A seguir, precisamos conectar o arquivo manifest a nosso document HTML. Fazemos isto alterando o elemento html desta forma:

▌ html5offline/index.html
  <html manifest="notes.manifest" >

Isto é tudo. Falta apenas um pequeno detalhe: o arquivo manisfest deve ser servido por um servidor de *web*, pois deve ser servido com o tipo MIME text/cache-manifest. Se usarmos Apache, podemos especificar o tipo MIME em um .htaccess:

▌ html5offline/.htaccess
  AddType text/cache-manifest .manifest

Depois que solicitarmos nossa aplicação de notas pela primeira vez, os arquivos listados no manifest serão baixados e colocados em cache. Podemos, então, desconectar da rede e usar a aplicação *offline*, tantas vezes quanto quisermos.

Vale a pena explorar este mecanismo. O arquivo manifest tem outras opções complexas que podem ser úteis. Por exemplo, podemos especificar que certas coisas não devam ser colocadas em cache e jamais devam ser acessadas *offline*, o que é interessante para ignorar alguns arquivos dinâmicos.

Manifest e Caching

Quando trabalhamos com a aplicação no modo de desenvolvimento, desejamos desabilitar caching no servidor de *web*. Por *default*, muitos servidores de *web* colocam arquivos em cache especificando cabeçalhos que informam aos navegadores para não obterem nova cópia de um arquivo durante certo período de tempo. Isto pode nos atrapalhar quando adicionarmos coisas ao arquivo manifest.

Com Apache, podemos desabilitar caching com adição da seguinte linha ao arquivo .htaccess:

▌ html5offline/.htaccess
  ExpiresActive On
  ExpiresDefault "access"

Isto desabilita caching em todo o diretório; portanto, não é algo que queiramos fazer em modo de produção. Contudo, isto assegura que o navegador sempre solicite uma nova versão do arquivo manifest.

Se alterarmos um arquivo listado em manifest, devemos também modificar o próprio arquivo manifest, alterando o comentário com o número da versão.

Futuro

Coisas futuras, como localStorage e Web SQL Databases, darão a desenvolvedores a capacidade para construção de aplicações no navegador que não necessitam de conexão com um servidor de *web*. Aplicações como a que desenvolvemos funcionam em iPads e em dispositivos baseados em Android; quando as combinamos com o arquivo manifest

Uso Proveitoso de Outras APIs

Muitas APIs interessantes que surgiram como parte do padrão HTML5 acabaram se tornando projetos independentes. Outras se tornaram tão associadas a HTML5 que, às vezes, desenvolvedores (incluindo os autores deste livro) têm dificuldade em diferenciar um do outro. Neste capítulo, trataremos destas APIs. Gastaremos algum tempo discutindo a API history de HTML5; a seguir, trataremos de conversa entre diferentes servidores com Cross-document Messaging [Troca de Mensagens entre Documentos]. Depois, exploraremos Web Sockets e Geolocation, duas ponderosas APIs que nos ajudam a implementar aplicações ainda mais interativas.

Usaremos as seguintes APIs na construções de tais aplicações[1]:

History [História]
Gerencia a história do navegador. *[C5, S4, IE8, F3, O10.1 IOS3.2, A2]*

Cross-document Messaging [Troca de Mensagens entre Documentos]
Envia mensagens entre janelas, com conteúdo carregado em diferentes domínios. *[C5, S5, F4, IOS4.1, A2]*

Web Sockets
Cria uma conexão de estado entre um navegador e um servidor. *[C5, S5, F4, IOS4.2]*

Geolocation
Obtém latitude e longitude do navegador do cliente. *[C5, S5, F3.5, O10.6, IOS3.2, A2]*

---

[1] Na descrição seguinte, suporte de navegador é mostrado entre colchetes, segundo um código conciso e o número da versão mais antiga suportada. Os códigos usados são: *C*: Google Chrome; *F*: Firefox; *IE*: Internet Explorer; *O*: Opera; *S*: Safari; *IOS*: dispositivos iOS com Mobile Safari; *A*: Android Browser.

23 Preservação da História

O padrão HTML5 introduz uma API para gerenciar a história do navegador[2]. No Tópico 12, *Criação de Região Atualizável Acessível*, construímos um protótipo para a nova página principal para a empresa EspetaculoSA, que comutava do conteúdo principal quando clicávamos em uma das guias (*tab*) de navegação. Uma deficiência da abordagem que adotamos é não haver suporte para o botão Retornar do navegador. Podemos corrigir isto com alguns truques, mas com a API History poderemos implementar uma solução definitiva.

Podemos detectar suporte a esta API da seguinte forma:

```
html5history/javascripts/application.js
function supportsHistory(){
  return !!(window.history && window.history.push-
  State);
}
```

Podemos usar este método sempre que for preciso trabalhar com objetos History.

Armazenagem do Estado Atual

Quando um visitante chama uma nova página de *web*, o navegador a adiciona à sua história. Quando o usuário abre uma nova guia ou aba, precisamos adicioná-la à história:

```
html5history/javascripts/application.js
Linha   1 $("nav ul").click(function(event){
    target = $(event.target);
    if(target.is("a")){
      event.preventDefault();
      if ( $(target.attr("href"
)).hasClass("hidden") ){
```

---

[2] http://www.w3.org/TR/html5/history.html

```
        if(supportsHistory()){
            var tab = $(target).attr("href" );
            var stateObject = {tab: tab};
            window.history.pushState(stateObject,
tab);
        };

            $(".visible" ).removeClass("visible"
).addClass("hidden" ).hide();
            $(target.attr("href"
)).removeClass("hidden" ).addClass("visible"
).show();
            };
        };
    });

});
```

Pegamos a ID do elemento visível e adicionamos um estado de história ao navegador. O primeiro parâmetro do método pushstate() é um objeto, com o qual poderemos interagir mais tarde. Usaremos este método para armazenar a ID da guia que desejamos exibir quando o usuário navegar de volta a este ponto. Por exemplo, quando o usuário clica em Serviços, armazenamos #services no objeto state.

O segundo parâmetro é um título que podemos usar para identificar o estado na história. Isto nada tem a ver com o título do elemento da página; é apenas uma forma de identificar a entrada na história do navegador. Usaremos a ID da guia novamente.

Recuperação do Estado Anterior

Embora isto adicione um estado de história, ainda precisamos escrever o código para manipular a mudança desse estado. Quando o usuário clica no botão Retornar, o evento window.onpopstate() é ativado. Usemos este gancho para exibir a guia armazenada no objeto state:

■ html5history/javascripts/application.js
```
if(supportsHistory()){
    window.onpopstate = function(event) {
        if(event.state){
        var tab = (event.state["tab"]);
        $(".visible")
            .removeClass("visible")
            .addClass("hidden")
            .hide();
        $(tab)
            .removeClass("hidden")
            .addClass("visible")
            .show();
        }
    };
};
```

Pegamos o nome da guia e usamos jQuery para localizar o elemento a ser ocultado por sua ID. O código que oculta e mostra as guias é repetido aqui. Devemos refazer isto para remover a duplicação.

Defaulting

Quando abrimos uma página, o estado de história será nulo; portanto, devemos especificá-lo. Podemos fazer isto logo acima de onde definimos o método window.onpopstate( ).

■ html5history/javascripts/application.js
```
if(supportsHistory()){
  window.history.pushState( {tab: "#welcome" },
'#welcome' );
  window.onpopstate = function(event) {
      if(event.state){
          var tab = (event.state["tab"]);
          $(".visible")
              .removeClass("visible")
              .addClass("hidden")
```

```
        .hide();
    $(tab)
        .removeClass("hidden")
        .addClass("visible")
        .show();
        }
    };
};
```

Agora, ao abrir a página, podemos varrer as guias usando a história do navegador[3].

Compatibilização

Isto funciona em Firefox 4, Safari 4 e Chrome 5, mas não em Internet Explorer. Soluções como o *plug-in* Address de jQuery[4] proveem alguma funcionalidade, mas não as implementaremos para compatibilização, pois, em vez de compatibilização, representam uma substituição completa, com muitas facilidades adicionais. Todavia, vale a pena estarmos atentos ao suporte do navegador à manipulação da história, pois poderemos prover aplicações muito mais amigáveis se usarmos esta API em todos os navegadores.

24 Mensagens Entre Domínios

Aplicações de *web* no lado cliente sempre tiveram limitações à troca de mensagens diretamente com scripts em outros domínios, uma restrição cujo objetivo era a proteção do usuário[5]. Há muitas maneiras inteligentes de contornar esta restrição, incluindo o uso de *proxies* no lado servidor e truques espertos de URL. Contudo, agora há uma forma melhor.

O padrão HTML5 introduziu Cross-document Messaging [Troca de Mensagens entre Documentos], uma API que possibilita que scripts hospedados em diferentes domínios passem mensagens uns aos outros. Por exemplo, podemos ter um formulário http://

---

[3] Para testar esta solução, fechamos o navegador e limpamos a história várias vezes, o que pode ser maçante.
[4] http://www.asual.com/jquery/address/
[5] Isto é conhecido como Política da Mesma Origem, explicada em https://developer.mozilla.org/en/Same_origin_policy_for_JavaScript.

suporte.espetaculosa.com que poste conteúdo em outra janela ou iframe cujo conteúdo seja hospedado em http://www.espetaculosa.com. Por acaso, em nosso atual projeto, precisamos fazer exatamente isto.

O novo *site* de suporte de EspetaculoSA terá um formulário de contato e o gerente de suporte deseja listar todos os contatos da equipe de suporte e seus endereços de *e-mail* junto e este formulário. Os contatos de suporte virão de um sistema de gerenciamento de conteúdo em outro servidor, de modo que podemos usar um iframe para embutir a lista de contatos juntamente com o formulário. O problema é que o gerente de suporte adoraria se deixássemos usuários clicar em um nome da lista de contato e o correspondente endereço de *e-mail* fosse automaticamente adicionado ao formulário.

Podemos fazer isto com facilidade, mas precisamos usar servidores de *web* para testar tudo com nossas próprias especificações. Os exemplos que exploramos aqui não funcionam em todos os navegadores, a menos que usemos um servidor. A próxima caixa de notas dá mais detalhes sobre isto.

Lista de Contatos

Criemos, primeiro, a lista de contatos. A marcação básica para isto é:

```
html5xdomain/contactlist/public/index.html
<ul id="contacts">
   <li>
    <h2>Vendas</h2>
      <p class="name">James Moraes</p>
      <p class="email">j.moraes@espetaculosa.com</p>
   </li>
```

Servidores Simples de *Web*

Se não quisermos ter o trabalho de configurar instâncias de Apache ou especificar nossos próprios servidores, podemos usar os servidores simples baseados em Ruby, incluídos nos arquivos de códigos dos exemplos do livro. Informação sobre como fazer Ruby funcionar em um sistema é dada no arquivo RUBY_README.txt nos arquivos de códigos dos exemplos do livro.

Para iniciar os servidores, primeiro, devemos ir a html5xdomain/contactlist e rodar o arquivo server.rb, desta forma:

```
ruby server.rb
```

O servidor será iniciado na porta 4567. O mesmo pode ser feito para server.rb em html5xdomain/supportpage, que será inciado na porta 3000. A porta para cada um pode ser alterada com edição do arquivo server.rb.

• •

```
<li>
   <h2>Operações</h2>
   <p class="name">Tobias Ramos</p>
   <p class="email">t.ramos@espetaculosa.com</p>
</li>
<li>
   <h2>Contas a Pagar</h2>
   <p class="name">Carlos Galheiro</p>
   <p class="email">c.galheiro@espetaculosa.com</p>
</li>
<li>
   <h2>Contas a Receber</h2>
   <p class="name">Henrique Vaz</p>
   <p class="email">h.vaz@espetaculosa.com</p>
</li>
</ul>
```

Nesta página, também carregamos a biblioteca jQuery, o arquivo de nossa aplicação application.js e uma folha de estilo simples. Coloquemos isto na seção head:

```
html5xdomain/contactlist/public/index.html
<script type="text/javascript"
   charset="utf-8"
   src="http://ajax.googleapis.com/ajax/libs/jquery/1.4.2/jquery.min.js" >
</script>
```

```
<script type="text/javascript"
   src="javascripts/application.js" >
</script>
<link rel="stylesheet" href="style.css" type="text/
css" media="screen">
```

A folha de estilo para a lista de contado é:

▎ html5xdomain/contactlist/public/style.css
```
ul{
list-style: none;
}
ul h2, ul p{margin: 0;}
ul li{margin-bottom: 20px;}
```

Apenas coisas simples para melhorar a aparência da lista.

Postagem de Mensagem

Quando um usuário clica em uma entrada na lista de contatos, colhemos o correspondente *e-mail* e postamos uma mensagem na janela original. O método postMessage( ) tem dois parâmetros: a própria mensagem e a origem da janela-alvo. Aqui está o manipulador de evento click:

▎ html5xdomain/contactlist/public/javascripts/application.js
```
$(function(){
  $("#contacts li" ).click(function(event){
    var email = ($(this).find(".email" ).html());
    var origin = "http://192.168.1.244:3000/index.
html" ;
    window.parent.postMessage(email, origin);
  });
});
```

Precisaremos alterar a origem, pois a mesma deve casar a URL da janela inicial[6].

---

6 Isto não é totalmente verdade. Podemos usar apenas o domínio ou, até mesmo, um coringa (*wildcard*).

Agora, implementemos a página que manterá este quadro (*frame*) e receberá a mensagem.

Site de Suporte

A estrutura do *site* de suporte será muito parecida; todavia, para manter as coisas separadas, devemos trabalhar em uma pasta distinta, especialmente porque este *site* precisará ser colocado em um outro servidor de *web*. Devemos assegurar a inclusão de *links* a uma folha de estilo, a jQuery, e a um novo arquivo application.js.

A página de suporte deve conter um formulário de contato e um iframe que aponte para a lista de contatos. Podemos fazer isto da seguinte forma:

```
html5xdomain/supportpage/public/index.html
<div id="form">
  <form id="supportform">
    <fieldset>
    <ol>
      <li>
        <label for="to">Para</label>
        <input type="email" name="to" id="to">
      </li>
      <li>
        <label for="from">De</label>
        <input type="text" name="from" id="from">
      </li>
      <li>
        <label for="message">Mensagem</label>
        <textarea name="message" id="message"></textarea>
      </li>
    </ol>
    <input type="submit" value="Send!">
  </fieldset>
```

Contudo, a solução de compatibilização requererá a URL completa, o que também é boa tática de segurança.

```
        </form>
    </div>
    <div id="contacts">
        <iframe src="http://192.168.1.244:4567/index.
html"></iframe>
    </div>
```

Apliquemos estilo com a seguinte porção de CSS, que adicionamos ao arquivo style.css:

```
#form{
    width: 400px;
    float: left;
}
#contacts{
    width: 200px;
    float: left;
}
#contacts iframe{
    border: none;
    height: 400px;
}
```

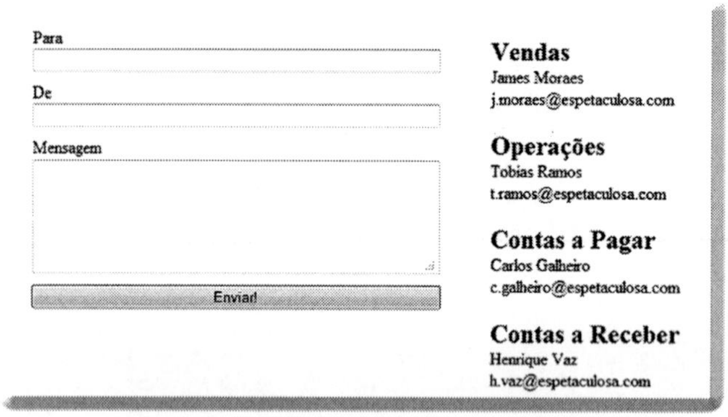

Figura 10.1: Forma final do site de suporte.

```
fieldset{
    width: 400px;
```

```
    border: none;
}
fieldset legend{
  background-color: #ddd;
  padding: 0 64px 0 2px;
}
fieldset>ol{
  list-style: none;
  padding: 0;
  margin: 2px;
}
fieldset>ol>li{
  margin: 0 0 9px 0;
  padding: 0;
}
/* Faz com que entradas sejam feitas em suas próprias
linhas */
  fieldset input, fieldset textarea{
  display:block;
  width: 380px;
}
fieldset input[type=submit]{
  width: 390px;
}
fieldset textarea{
  height: 100px;
}
```

Isto posiciona formulário e iframe lado a lado e também altera o formulário, que fica como ilustrado na Figura 10.1.

Recepção de Mensagens

O evento onmessage é ativado sempre que a janela atual receber uma mensagem, que retorna como uma propriedade do evento. Registramos este evento usando o método bind( ) de jQuery, para que funcione da mesma forma em todos os navegadores:

```
html5xdomain/supportpage/public/javascripts/applica-
tion.js
    $(function(){
      $(window).bind("message" ,function(event){
        $("#to" ).val(event.originalEvent.data);
      });
    });
```

O método bind( ) de jQuery embrulha o evento e não expõe cada propriedade. Para obter o que desejamos, acessamos a propriedade originalEvent do evento.

Tudo funciona muito bem em Firefox, Chrome, Safari e Internet Explorer 8. Agora, preparemos a compatibilização para IE 6 e 7.

Compatibilização

Para suporte em IE 6 e 7, usaremos o *plug-in* Postback de jQuery, que emula a troca de mensagens entre domínios. Usaremos o método getScript( ) para chamar esta biblioteca somente quando necessário. Para isto, detectamos se existe o método postMessage( ).

Primeiro, modifiquemos a lista de contatos:

```
html5xdomain/contactlist/public/javascripts/applica-
tion.js
   if(window.postMessage){
      window.parent.postMessage(email, origin);
   }else{
      $.getScript("javascripts/jquery.postmessage.js" ,
   function(){
      $.postMessage(email, origin, window.parent);
   });
   }
```

O *plug-in* Postmessage de jQuery adiciona um método postMessage( ), que funciona exatamente como o método postMessage( ) comum.

Agora, voltemos nossa atenção ao *site* de suporte. Usaremos a mesma abordagem aqui, chamando a biblioteca e o recém-adicionado método receiveMessage( ):

▌ html5xdomain/supportpage/public/javascripts/application.js
```
  if(window.postMessage){
      $(window).bind("message" ,function(event){
          $("#to" ).val(event.originalEvent.data);
  });
  }else{
      $.getScript("javascripts/jquery.postmessage.js" ,
function(){
          $.receiveMessage(
function(event){
      $("#to" ).val(event.data);
    });
   });
  }
```

Isoo é tudo! Agora, podemos trocar mensagens entre janelas em uma variedade de navegadores. Contudo, isto é apenas o começo; podemos estender esta técnica a uma comunicação duplex. Qualquer janela pode ser um transmissor ou um receptor; portanto, vale a pena explorar o padrão e ver o que podeser construído!

25 Bate-Papo com Web Sockets

Interação em tempo real é algo que desenvolvedores de *web vêm tentando conseguir há muito tempo;* contudo, a maioria das implementações envolve o uso de *JavaScript para, periodicamente, verificar no servidor remoto a ocorrência de alterações.* HTTP é *um protocolo sem estado, de modo que um servidor de web* faz uma conexão ao servidor, obtém uma resposta e desconecta. Fazer qualquer tipo de tarefa em tempo real com um protocolo sem estado é bastante difícil. O padrão HTML5 introduziu Web Sockets, que permite que o navegador estabeleça uma conexão com estado a um servidor remoto[7]. Podemos usar Web

---
[7] Web Sockets se tornou um padrão independente, que pode ser obtido em http://www.w3.org/TR/websockets/

Sockets para a construção de todo tipo de aplicações. Uma das melhores formas de explorar o funcionamento de Web Sockets é escrever um cliente de bate-papo (*chat*), algo que, concidentemente, a empresa EspetaculoSA quer para seu *site* de suporte.

EspetaculoSA deseja criar, para seu *site de suporte*, uma interface de bate--papo simples baseada na *web* para permitir que membros da equipe de suporte se comuniquem internamente, pois os funcionários estão lotados em diferentes cidades. Usaremos Web Sockets para implementar a interface de *web* para o servidor de bate-papo. Usuários podem se conectar e enviar uma mensagem ao servidor. Todos os usuários conectados verão a mensagem. Os visitantes podem dar a si próprios um apelido enviado um mensagem como "/nick pedro", imitando o protocolo de bate-papo IRC. Não escreveremos o servidor para isto, o que já foi feito por outro desenvolvedor[8].

Interface de Bate-Papo

Desejamos construir uma interface de bate-papo muito simples, com a aparência ilustrada na Figura 10.2, consistindo em um formulário para alterar o apelido do usuário, uma área grande onde exibir a mensagem e, por fim, um formulário para postar uma mensagem no bate-papo.

Em uma nova página HTML5, adicionaremos marcação para a interface de bate-papo, que consiste em dois formulários e um div que conterá as mensagens.

Figura 10.2:
Interface de bate-papo.

---

8 A seção Servidores, mais adiante, fala mais sobre servidores.

▌ html5_websockets/public/index.html
```html
<div id="chat_wrapper">
  <h2>AwesomeCo Help!</h2>
  <form id="nick_form" action="#" method="post" accept-charset="utf-8">
    <p>
      <label>Apelido
        <input id="nickname" type="text" value="Convidado"/>
      </label>
        <input type="submit" value="Alterar">
    </p>
  </form>
<div id="chat">conectando....</div>
  <form id="chat_form" action="#" method="post" accept-charset="utf-8">
    <p>
      <label>Mensagem
        <input id="message" type="text" />
      </label>
        <input type="submit" value="Enviar">
    </p>
  </form>
</div>
```

Adicionemos, também, *links* a uma folha de estilo e a um arquivo Java Script que conterá o código para comunicação com o servidor Web Sockets:

▌ html5_websockets/public/index.html
```html
<script src='chat.js' type='text/javascript'></script>
<link rel="stylesheet" href="style.css" media="screen">
```

A folha de estilo contém estas definições:

▌ html5_websockets/public/style.css

```
Linha     1 #chat_wrapper{
    width: 320px;
    height: 440px;
    background-color: #ddd;
    padding: 10px;
  }
  #chat_wrapper h2{
    margin: 0;
  }

  #chat{
    width: 300px;
    height: 300px;
    overflow: auto;
    background-color: #fff;
    padding: 10px;
  }
```

Na linha 14, especificamos a propriedade overflow relativa à área de mensagem de bate-papo, de modo que sua altura seja fixa e qualquer texto que não caiba nela seja ocultado e visível com botões de rolagem.

Com a interface no lugar, podemos trabalhar o JavaScript que a fará falar com o servidor de bate-papo.

Conexão com o Servidor

Independentemente do servidor Web Sockets que utilizemos, empregaremos o mesmo padrão repetidas vezes. Estabeleceremos uma conexão com o servidor, ficaremos atentos a seus eventos e responderemos a eles de forma apropriada.

Evento	Descrição
onopen( )	Ativado quando a conexão com o servidor é estabelecida
onmessage( )	Ativado quando a conexão com o servidor envia uma mensagem
onclose( )	Ativado quando a conexão com o servidor é perdida ou fechada

No arquivo chat.js, devemos, primeiro, conectar-nos ao servidor Web Sockets:

▌ html5_websockets/public/chat.js
```
    var webSocket = new WebSocket('ws://local-
host:9394/');
```

Feita a conexão com o servidor, devemos informar aos usuários. Definimos o método onopen( ) da seguinte forma:

▌ html5_websockets/public/chat.js
```
    webSocket.onopen = function(event){
    $('#chat').append('<br>Connected to the server');
};
```

Quando o navegador abrir a conexão com o servidor, postamos uma mensagem na janela de bate-papo. A seguir, devemos exibir as mensagens enviadas ao servidor de bate-papo. Para isto, definimos o método onmessage( ):

▌ html5_websockets/public/chat.js
```
webSocket.onmessage = function(event){
    $('#chat').append("<br>" + event.data);
    $('#chat').animate({scrollTop: $('#chat').
height()});
};
```

A mensagem é retornada a nós pela propriedade data do objeto event. Basta que a adicionemos à janela de bate-papo. Incluiremos uma quebra de linha para que cada mensagem caia em uma linha própria; contudo, a marcação para isto pode ser feita de diferentes maneiras.

A seguir, cuidamos das desconexões. O método onclose( ) é ativado sempre que a conexão for fechada:

▌ html5_websockets/public/chat.js
```
    webSocket.onclose = function(event){
    $("#chat" ).append('<br>Connection closed');
};
```

Agora, precisamos apenas reservar a área de texto para o formulário de bate-papo, de modo que as mensagens possam ser enviadas ao servidor de bate-papo:

■ html5_websockets/public/chat.js
```
    $(function(){
      $("form#chat_form" ).submit(function(e){
   e.preventDefault();
      var textfield = $("#message" );
      webSocket.send(textfield.val());
      textfield.val("" );
    });
 })
```

Selecionamos o evento form submit, colhemos o valor do campo form e o enviamos ao servidor de bate-papo usando o método send( ).

Implementamos o recurso de alteração de apelido (*nickname*) da mesma forma, exceto que cada mensagem recebe o prefixo "/nick". O servidor de bate-papo vê isto e altera o nome do usuário.

■ html5_websockets/public/chat.js
```
    $("form#nick_form" ).submit(function(e){
   e.preventDefault();
      var textfield = $("#nickname" );
      webSocket.send("/nick " + textfield.val());
    });
```

E isto é tudo. Com este cliente, usuários de Safari 5 e Chrome 5 podem participar imediatamente em bate-papos em tempo real. Todavia, precisamos cuidar de navegadores que não têm suporte nativo a Web Sockets. Faremos isto usando Flash.

Compatibilização

Pode ser que nem todos os navegadores tenham suporte ao estabelecimento de conexões de socket, mas Adobe Flash tem tal suporte há muito tempo.

Podemos usar Flash para agir como a camada de comunicação via socket e, graças à biblioteca web-socket-js[9], a implementação de uma solução de compatibilização baseada em Flash é muito simples.

Podemos baixar uma cópia do *plug-in*[10] e colocá-lo em nosso projeto. Depois, precisamos incluir os três arquivos de JavaScript na página:

▌ html5_websockets/public/index.html
```
    <script type="text/javascript" src="websocket_js/swfobject.js"></script>
    <script type="text/javascript" src="websocket_js/FABridge.js"></script>
    <script type="text/javascript" src="websocket_js/web_socket.js"></script>
    <script src='chat.js' type='text/javascript'></script>
    <link rel="stylesheet" href="style.css" media="screen">
  </head>
  <body>
    <div id="chat_wrapper">
      <h2>Ajuda de EspetaculoSA!</h2>
      <form id="nick_form" action="#" method="post" accept-charset="utf-8">
        <p>
          <label>Apelido
            <input id="nickname" type="text" value="Convidado"/>
          </label>
          <input type="submit" value="Alterar">
        </p>
      </form>
      <div id="chat">conectando....</div>
      <form id="chat_form" action="#" method="post" accept-charset="utf-8">
```

---
9 http://github.com/gimite/web-socket-js/
10 http://github.com/gimite/web-socket-js/archives/master

```
        <p>
          <label>Mensagem
              <input id="message" type="text" />
          </label>
              <input type="submit" value="Enviar">
        </p>
    </form>
  </div>
 </body>
</html>
```

A única modificação que precisamos fazer no arquivo chat.js envolve a especificação de uma variável que define a localização do arquivo WebSocket-Main:

```
html5_websockets/public/chat.js
WEB_SOCKET_SWF_LOCATION = "websocket_js/WebSocket-Main.swf";
```

Com isto no lugar, nossa aplicação de bate-papo funcionará na maioria dos navegadores, desde que o servidor que hospeda o bate-papo também sirva um arquivo de Política de Soquetes de Flash (*Flash Socket Policy*).

O Que é Política de Soquetes de Flash?

Por questões de segurança, Flash Player apenas se comunica via soquetes (*sockets*) com servidores que permitam conexão a ele. Primeiro, Flash Player tenta recuperar um arquivo de Política de Soquetes de Flash na porta 843 e, então, na mesma porta usada pelo servidor, e espera que o servidor retorne uma resposta como esta:

```
<cross-domain-policy>
    <allow-access-from domain="*" to-ports="*" />
</cross-domain-policy>
```

Este é um arquivo de política muito genérico, que permite que todos se conectem a este serviço. Podemos especificar a política para ser mais restritiva, caso trabalhemos com dados sensíveis. No entanto, recordemos que este arquivo deve ser servido do mesmo servidor que serve nosso servidor Web Sockets e em uma mesma porta, que pode ser a porta 843.

O código de exemplo para esta seção contém um servidor simples de Política de Soquetes de Flash escrito em Ruby, que pode ser usado para testes. Mais detalhes são dados na seção seguinte, *Servidores*, sobre como podemos estabelecer um ambiente de teste.

Servidores de bate-papo são apenas o começo. Com Web Sockets, passamos a ter uma forma robusta e simples de passar dados aos navegadores dos usuários.

Servidores

A distribuição de códigos-fonte do livro contém uma versão do servidor Web Sockets desejado. Este servidor foi escrito em Ruby, de modo que um interpretador de Ruby se faz necessário. O arquivo RUBY_README.txt, incluído nos arquivos de código para o livro, oferece instruções de como fazer Ruby funcionar em um sistema.

Para começar, navegamos até a pasta que contém este arquivo e emitimos o comando:

```
ruby server.rb
```

Além do servidor de bate-papo, há outros dois servidores que devemos usar para testar os exemplos neste capítulo. O primeiro, cliente.rb, serve a interface de bate-papo e arquivos JavaScript. O segundo, flashpolicyserver, serve um arquivo de Política de Flash, que o código de compatibilização baseado em Flash necessita contactar para estabelecer conexão com o servidor de bate-papo. Flash Players usam tais arquivos de política para determinar se é permitido falar com um domínio remoto.

Quem roda em um sistema operacional baseado em Mac ou Linux pode ativar todos estes servidores de uma só vez emitindo o comando:

```
rake start
```

a partir da pasta html5_websockets.

26 Determinação de Localização: Geolocation

Geolocation é uma técnica para determinar onde está uma pessoa, com base na localização de seu computador. Obviamente, "computador" pode significar um *smart phone*, *tablet*, qualquer outro dispositivo móvel ou um computador *desktop*. Para determinar a localização de uma pessoa, Geolocation examina o endereço IP ou endereço MAC do computador por ela utilizado, localização do *hotspot* de Wi-Fi em uso ou, até mesmo, coordenadas de GPS, quando disponíveis. Embora não seja estritamente parte do padrão, Geolocation é frequentemente associado a HTML5, pois os dois estão entrando em cena ao mesmo tempo. Diferentemente de Web Storage, Geolocation jamais fez parte do padrão HTML5. Como Web Storage, Geolocation é uma tecnologia muito útil já implementada em Firefox, Safari e Chrome. Vejamos como podemos utilizá-la.

Localização de EspetaculoSA

Nos pediram para criar uma página de contato para o *website* da empresa EspetaculoSA; o gerente de TI da companhia quer saber se é possível mostrar a localização das pessoas em um mapa juntamente com os diversos centros de suporte da companhia. Ele adoraria ver um protótipo, de modo que devemos aprontar um imediatamente.

Usaremos a API Static Map de Google, pois a mesma não requer uma chave de API e geraremos um mapa muito simples.

Os centros de serviço de EspetaculoSA localizam-se nas cidades de Porto Alegre, São Paulo e Belo Horizonte. A API Static Map de Google facilita muito a localização destes pontos em um mapa. Tudo o que devemos fazer é construir um *tag* img e passar o endereço na URL:

```
html5geo/index.html
<img id="map" alt="Lozalização dos Centros de Serviço
de EspatauloSA"
src="http://maps.google.com/maps/api/staticmap?
&amp;size=900x300
&amp;sensor=false
```

```
&amp;maptype=roadmap
&amp;markers=color:green|label:A|1+Avenida+
Juca+Batista,+Porto Alegre,+RS+91770-001
&amp;markers=color:green|label:B|22+Avenida+Paulis
ta,+ São Paulo,+SP
&amp;markers=color:green|label:C|77+Avenida+Contagem+
Belo+Horizonte+MG">
```

Definimos o tamanho da imagem e informamos à API Maps que não usamos qualquer tipo de sensor, como GPS ou geolocalização no lado cliente, com a informação que passamos ao mapa. A seguir, definimos cada marcador no mapa, dando-lhe um rótulo (*label*) e o endereço. Para este marcador, poderíamos usar um par de coordenadas separadas por vírgula, caso estivesse disponível; contudo, para a demonstração, a forma que usamos é mais simples.

Como Ser Encontrado

Precisamos mostrar a localização do visitante neste mapa, e faremos isto acrescentando um marcador , para o qual usaremos os dados de latitude e longitude. Podemos pedir ao navegador que obtenha a latitude e a longitude do visitante:

▌ html5geo/index.html
```
    navigator.geolocation.getCurrentPosition(function(po
sition) {
showLocation(position.coords.latitude, position.co-
ords.longitude);
});
```

Este método pede que o usuário forneça suas coordenadas. Caso o visitante nos permita usar a informação sobre sua localização, chamamos o método showLocation( ).

O método showLocation( ) obtém os dados de latitude e longitude e reconstrói a imagem, substituindo a existente por uma nova. Este método é implementado da seguinte forma:

230 ‹ HTML5 e CSS3 ›

▌html5geo/index.html
```
Linha     1 var showLocation = function(lat, lng){
    var fragment = "&markers=color:red|color:red|label
:"V|" + lat + "," + lng;
    var image = $("#map" );
    var source = image.attr("src" ) + fragment;
    source = source.replace("sensor=false" ,
"sensor=true" );
    image.attr("src" , source);
 };
```

Em vez de duplicar todo o código-fonte existente da imagem, anexaremos a ele os os dados de latitude e longitude do visitante.

Antes de alocarmos a imagem modificada ao documento, precisamos alterar o parâmetro sensor de false [falso] para true [verdadeiro]. Fazemos isto na linha 5, com o método replace( ).

Quando carregamos o código no navegador, vemos a posição do visitante é marcada com um "V" juntamente com as localizações dos centros de serviço. A Figura 10.3 ilustra um exemplo.

Figura 10.3: *Nossa posição é marcada no mapa com um V.*

Capítulo 10 ◄ Uso Proveitoso de Outras APIs ► 231

Compatibilização

Na forma atual, visitantes verão o mapa com as localizações dos centros de suporte de EspetaculoSA, mas ocorrerá um erro de JavaScript se tentarmos carregar nossa página. Precisamos detectar suporte para Geolocation antes de tentar obter a localização do visitante:

▍ html5geo/index.html
```
   if (navigator.geolocation) {
     navigator.geolocation.getCurrentPosition(function
(position) {
       showLocation(position.coords.latitude, position.
coords.longitude);
     });
   }else{
};
```

A API Ajax de Google[11] efetua busca de localização e, portanto, é uma grande solução de compatibilização. É necessário obter uma chave de API para usá-la no *site* quanto este estiver ativo; todavia, uma chave não é necessária para testar a API localmente[12].

Nossa solução de compatibilização ficou assim:

▍ html5geo/index.html
```
  Linha 1 var key = "your_key" ;
     var script = "http://www.google.com/jsapi?key=" +
  key;
     $.getScript(script, function(){
       if ((typeof google == 'object') &&
       google.loader && google.loader.ClientLocation) {
         showLocation(google.loader.ClientLocation.lati-
  tude,
            google.loader.ClientLocation.longitude);
```

---

11 http://code.google.com/apis/ajax/documentation/#ClientLocation
12 Uma chave também é necessária se a página for hospedada via http://localhost/. Uma chave pode ser obtida de http://code.google.com/apis/ajaxsearch/signup.html

```
}else{
    var message = $("<p>Não foi possível localizar o
endereço.</p>" );
    message.insertAfter("#map" );
  };
});
```

Usamos o método getScript( ) para carregar a API Ajax de Google. Na linha 5, usamos o método ClientLocation( ) de Google para obter a localização do visitante e invocar nosso método showLocation( ) para posicionar a localização do visitante no mapa.
Infelizmente, Google não é capaz de geolocalizar qualquer endereço IP; portanto, é possível que não consigamos posicionar o visitante no mapa, o que é considerado na linha 9, que mostra uma mensagem abaixo da imagem. Esta solução de compatibilização não é infalível, mas oferece uma grande probabilidade de localizarmos o visitante.

Sem um método confiável para obter as coordenadas do cliente, necessitamos de um método para que o usuário nos informe um endereço, o que é deixado como exercício para o leitor.

Futuro

As técnicas exploradas neste capítulo, apesar de não serem todas parte do padrão HTML5, representam o futuro do desenvolvimento de *web*. Estamos passando muito mais coisas para o lado cliente. Melhor gerenciamento de história tornará Ajax e aplicações no lado cliente muito mais intuitivos. Web Sockets pode substituir a consulta (*polling*) periódica a serviços remotos para a exibição de dados em tempo real. A troca de mensagens entre documentos (*Cross-document Messaging*) nos permite combinar aplicações de *web* que, geralmente, jamais poderiam interagir umas com as outras. Geolocation permitirá a construção de melhores aplicações atentas à localização do usuário, que se tornam cada vez mais relevantes na vida cotidiana, devido ao crescente mercado de computação móvel.
Vale a pena explorarmos estas API e estarmos atentos à adoção das mesmas. Em breve, veremos estas úteis ferramentas em plataformas de desenvolvimento de *web*.

Caminho Futuro

A maior parte deste livro focou em coisas que podemos fazer imediatamente, mas há outras que poderemos começar a usar em breve e que tornarão o desenvolvimento de *web* baseado em padrões ainda mais interessante, incluído suporte a canvas 3D com WebGL e novas APIs de armazenagem, transições de CSS3 e suporte nativo a arrastar e largar (*drag-and-drop*). Este capítulo discute algumas coisas que estão no horizonte, para de tenhamos uma ideia do que esperar. Falaremos de coisas que podemos usar em pelo menos um navegador, para as quais ainda não temos boas soluções de compatibilização ou que ainda estejam muito indefinidas para serem usadas no momento[1]:

Transições de CSS3
Animações em interações. *[C3, S3.2, F4, O10.5, IOS3.2, A2]*

Web Workers
Processamento de fundo para JavaScript. *[C3, S4, F3.5, O10.6]*

Canvas 3D com WebGL.2
Criação de objetos 3D com canvas. *[C5, F4]*

IndexedDB
Armazenagem avançada de chave/valor em base de dados no lado cliente, similar às soluções NoSQL. *[F4]*

Arrastar e Largar (*Drag and Drop*)
API para interação de arrastar e largar. *[C3, S4, F3.5, IE6, A2]*

Validação de Formulário
Validação de entradas no lado cliente. *[C5, S5, 10.6]*
Inicemos explorando transições de CSS3 e como utilizá-las em navegadores baseados em WebKit.

---

1 Na descrição a seguir, o suporte do navegador é mostrado entre colchetes, segundo um código conciso e a versão mais antiga suportada. Os códigos usados são: *C:* Google Chrome; *F:* Firefox; *IE:* Internet Explorer; *O:* Opera; *S:* Safari; *IOS:* dispositivos iOS com Mobile Safari; *A:* Android Browser.

11.1 Transições de CSS3

Convites de interação são importantes ao projeto voltado à boa experiência do usuário; como CSS suporta a pseudoclasse :hover há algum tempo, podemos aplicar um pouco de interação a nossos elementos. Aqui está uma marcação básica CSS que aplica estilo a um *link* para que pareça um botão:

```
css3transitions/style.css
a.button{
  padding: 10px;
  border: 1px solid #000;
  text-decoration: none;
}
a.button:hover{
  background-color: #bbb;
  color: #fff
}
```

Quando posicionamos o cursor sobre o botão, a cor do fundo muda de branco para cinza e a do texto, de preto para branco. É uma transição instantânea. As transições de CSS3[2] nos permitem fazer muito mais, incluindo animações simples que, até então, eram possíveis somente com JavaScript. Por exemplo, podemos adicionar um efeito de desvanecimento por meio da seguinte definição de estilo:

```
css3transitions/style.css
Linha    1  a.button{
    padding: 10px;
    border: 1px solid #000;
    text-decoration: none;
    -webkit-transition-property: background-color, color;
    -webkit-transition-duration: 1s;
    -webkit-transition-timing-function: ease-out;
  }
```

---

2 http://dev.w3.org/csswg/css3-transitions/

```
a.button:hover{
  background-color: #bbb;
  color: #fff
}
```

Na linha 5, especificamos as propriedades a que a transição é aplicada. Neste caso, alteramos as cores do segundo e do primeiro plano. Na linha 6, especificamos a duração da animação e na linha 7, a função temporal (*timing function*).

Funções Temporais

A propriedade transition-timing-function descreve como a transição deve ocorrer ao longo do tempo, em relação à duração especificada. Esta função temporal é especificada por meio de uma curva Bezier, definida por quatro pontos de controles em um gráfico. Cada ponto tem um valor X e um valor Y, de 0 a 1. O primeiro e o último pontos de controle são sempre especificados como (0.0,0.0) e (1.0,1.0), respectivamente; os dois pontos intermediários determinam a forma da curva.

Uma linha reta tem os pontos de controle definidos como os dois pontos extremos, criando uma linha reta a um ângulo de 45 graus. Para uma linha reta, os quatro pontos são ((0.0, 0.0), (0.0,0.0), (1.0, 1.0), (1.0, 1.0)) e a reta tem a seguinte aparência:

Uma curva mais complexa, com pontos ((0.0, 0.0), (0.42,0.0), (1.0, 1.0), (1.0, 1.0) e chamada de curva *ease-in*, é:

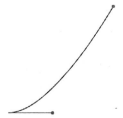

Desta vez, apenas o segundo ponto foi alterado, dando origem à parte de baixo, à esquerda, da curva.

Ainda mais complexa é a função *ease-in-out*, com curvas nas partes de baixo e de cima:

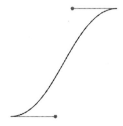

Os pontos para esta curva são ((0.0, 0.0), (0.42,0.0), (0.58, 1.0), (1.0,1.0)).

Podemos especificar estes pontos na propriedade CSS ou podemos usar pontos pré-definidos, como nestes exemplos.

As opções de funções temporais são default, ease-in, ease-out, ease-in-out, ease-out-in e cubic-bezier, para as quais podemos especificar os pontos diretamente.

Se que quisermos que a taxa (de variação temporal) seja constante, usamos a função linear. Se quisermos que a animação comece devagar e depois se torne mais rápida, devemos usar a função ease-in. Se quisermos saber mais sobre a construção destas curvas, há um ótimo script de domínio público[3] que mostra exemplos e exibe as coordenadas.

Vale a pena explorarmos transições, mas devemos ter em mente que deseja-

---

[3] http://www.netzgesta.de/dev/cubic-bezier-timing-function.html

mos uma interface que, primeiro, possa ser utilizada e, segundo, seja bonita. Devemos evitar o uso de transições que frustrem o usuário, como coisas que piscam ou levam muito tempo para ser animadas. Vale apena, também, explorarmos animações de CSS3[4], outro método de alterar propriedades de CSS ao longo do tempo.

11.2 Web Workers

Web Workers[5] não é parte do padrão HTML5, mas pode ser útil caso necessitemos de algum processamento de segundo plano no lado cliente; portanto, vale a pena sua exploração.

Usamos JavaScript para todos os códigos no lado cliente; todavia, JavaScript é uma linguagem de uma só tarefa (*single-threaded*): apenas uma coisa pode aconter de cada vez. Se uma tarefa exigir muito tempo para ser executada, forçamos o usuário a esperar até que ela esteja completa. Web Workers resolve este problema criando uma forma simples para a escrita de programas concorrentes.

Caso tenhamos um script denominado worker.js, que efetue algum processamento de imagens, podemos invocá-lo da seguinte maneira:

```
webworkers/application.js
    var worker = new Worker("worker.js" );
```

Qualquer arquivo JavaScript pode ser lançado como um trabalhador (*worker*); mas, para que seja independente, seu script não pode acessar o DOM. Isto significa que não podemos manipular elementos diretamente.

Nosso scrip principal pode enviar mensagens ao *worker* usando postMessage( ):

```
webworkers/application.js
    $("#button" ).click(function(event){
    $("#output" ).html("starting..." );
    worker.postMessage("start" );
    });
```

---

4 http://www.w3.org/TR/css3-animations/

5 http://www.whatwg.org/specs/web-workers/current-work/

O script de nosso worker pode, então, enviar mensagens à página principal, também usando o método postMessage( ):

▌ webworkers/worker.js
```
onmessage = function(event) {
if(event.data === "start" ){
// este laço conta. Façamos algo espetaculoso.
for (var x = 1; x <= 100000; x++){
    postMessage(x);
   }
  }
};
```

Respondemos aos eventos ouvindo o evento onmessage em nosso script principal. Toda vez que o *worker* fizer uma postagem, este código será ativado:

▌ webworkers/application.js
```
   worker.onmessage = function(event){
   $("#output" ).html(event.data);
}
```

Esta API funciona como a API para troca de mensagens entre domínios, que discutimos no Tópico 24, *Mensagens Entre Domínios*. Não há suporte a Web Workers em Internet Explorer, de modo que devemos recorrer a Google Chrome Frame; contudo, se quisermos efetuar tarefas pesadas no lado cliente que não travem o navegador, vale a pena explorarmos um pouco mais este tema.

11.3 Suporte Nativo a Arrastar-e-Largar

Permitir que usuários arrastem e larguem elementos de interface é algo que fazemos com bibliotecas JavaScript há muito temo; contudo, W3C adotou a implementação Drag and Drop da Microsoft como parte do padrão HTML5[6]. Esta solução é suportada em Firefox, Safari, Internet Explorer e Chrome; mas, na verdade, é uma grande confusão.

---
6 http://dev.w3.org/html5/spec/dnd.html#dnd

Capítulo 11 < Caminho Futuro > 239

À primeira vista, a implementação parece ser simples; designamos os elementos como "largáveis" e designamos um elemento para buscar um elementos que tenham sido largados; quando isto acontece, executamos um código.

Na verdade, as coisas não são tão simples. Como demostração, criemos uma simples interface para arrastar e largar que nos permita arrastar pequenas imagens para uma área onde as largamos para carregar a versão de tamanho maior:

```
html5drag/index.html
<div id="images">
 <img src="images/red_thumb.jpg"
      data-large="images/red.jpg" alt="Uma flor vermelha">
 <img src="images/purple_thumb.jpg"
      data-large="images/purple.jpg" alt="Uma flor branca e púrpura">
 <img src="images/white_thumb.jpg"
      data-large="images/white.jpg" alt="Uma flor branca"> </div>
  <div id="preview">
 <p>Largue imagens aqui.</p>
</div>
```

Aqui, usamos o atributo data personalizado para guardar a localização da versão de tamanho maior das fotos.

Figura 11.1:
Um visualizador
de fotos.

A seguir, adicionamos alguns estilos básicos para alinhar (*float*) as duas colunas:

html5drag/style.css

```css
#images img{
  -webkit-user-drag
}
#images{
  float: left;
  width: 240px;
  margin-right: 10px;
}
#preview{
  float: left;
  width: 500px;
  background-color: #ddd;
  height: 335px;
}
.hover{
  border: 10px solid #000;
  background-color: #bbb !importante;
```

Neste ponto, nossa interface tem a aparência ilustrada na Figura 11.1. Agora, adicionemos alguns eventos, de modo que possamos arrastar as fotos.

Eventos Arrastar-e-Largar

Devemos trabalhar com vários eventos relacionados a arrastar e largar elementos.

Evento	Descrição
ondragstart	Ativado quando o usuário começa a arrastar o objeto
ondragend	Ativado quando o usuário, por alguma razão, deixa de arrastar o objeto
ondragenter	Ativado quando um elemento largável é movido em um auditor de largada (*drop listener*)

ondragover	Ativado quando o usuário arrasta um elemento sobre um auditor de largada (*drop listener*)
ondragleave	Ativado quando o usuário arrasta um elemento para fora de um auditor de largada (*drop listener*)
ondrop	Ativado quando o usuário larga um elemento em um auditor de largada (*drop listener*) com sucesso
ondrag	Ativado quando o usuário arrasta um elemento a qualquer parte; é ativado continuamente e pode fornecer as coordenadas X e Y do cursor do *mouse*

Há um total de sete eventos apenas para cuidar de elementos de arrastar e largar; alguns destes eventos têm comportamento *default*. Se não os estendermos, a coisa deixa de funcionar.

Primeiro, precisamos definir todos os itens de lista como largáveis:

▌ html5drag/application.js
```
   var contacts = $('#images img');
   contacts.attr('draggable', 'true');
```

Adicionamos o atributo draggable (largável) de HTML5. Poderíamos fazer isto na marcação; contudo, como recorremos a JavaScript para a interação, aplicaremos este atributo com nosso script.

Quando arrastamos a imagem, desejamos colher o endereço da imagem grande e armazená-lo. Vamos associá-lo (*bind*) ao evento ondragstart e, para manter as coisas simples e independente de plataforma, usaremos o método bind( ) de jQuery[7].

▌ html5drag/application.js
```
Linha    1  contacts.bind('dragstart', function(event)
         {
            var data = event.originalEvent.dataTransfer;
            var src = $(this).attr("data-large" );
            data.setData("Text" , src);
            return true;
         });
```

---
7 Vale lembrar que omitimos o *prefix on* para estes eventos quando usamos este método.

O padrão fornece um mecanismo dataStorage que nos permite especificar o tipo de dado e o próprio dado, que é passado adiante como parte do evento. O método bind( ) de jQuery embrulha o evento em seu próprio objeto, de modo que, na linha 2, usamos a propriedade originalevent para acessar o evento real. Na linha 4, para armazenar a URL da imagem no evento, usamos o método setData( ), com Text como tipo de dado.

Agora que podemos arrastar elementos, falemos sobre como ativar eventos quando o usuário larga os elementos.

Largada de Elementos

Queremos que o campo de formulário "To" (Para) funcione como alvo para a largada de elementos; assim, o localizaremos e associaremos ao evento drop:

html5drag/application.js
```
Linha    1 var target = $('#preview');

  target.bind('drop', function(event) {
  var data = event.originalEvent.dataTransfer;
  var src = ( data.getData('Text') );

  var img = $("<img></img>" ).attr("src" , src);
  $(this).html(img);
  if (event.preventDefault) event.preventDefault();
  return(false);
  });
```

Na linha 5, usamos o método Data( ) para recuperar o endereço da imagem que foi passado com o evento e criamos um novo elemento imagem, que passamos à região de conteúdo.

Devemos cancelar o evento ondrop *default* para que não seja ativado quando o usuário largar o elemento no alvo. Para isto, precisamos usar preventdefault( ) e retornar false. Internet Explorer requer return false e outros navegadores, preventDefault( ).

Se tentarmos usar isto em Chrome ou Safari, não funcionará direito.

Devemos, pelo menos, estender (*override*) o elemento ondragover. Se não fizermos isto, o evento ondrag não responderá. Portanto, façamos isto com o código:

```
html5drag/application.js
   target.bind('dragover', function(event) {
   if (event.preventDefault) event.preventDefault();
   return false;
   });
```

Cancelamos o evento *default* da mesma forma que fizemos com o evento ondrop. Façamos o mesmo com o evento ondragend:

```
html5drag/application.js
   contacts.bind('dragend', function(event) {
   if (event.preventDefault) event.preventDefault();
   return false;
   });
```

Isto cancelará qualquer evento de navegador que seria ativado quando o usuário parasse de arrastar um elemento, mas não interferirá com o evento ondrop que definimos.

Alteração de Estilos

Queremos permitir que o usuário saiba que arrastou um elemento a uma área de largada; podemos fazer isto usando os métodos ondragenter e ondragleave:

```
html5drag/application.js
   target.bind('dragenter', function(event) {
$(this).addClass('hover');
   if (event.preventDefault) event.preventDefault();
   return false;
});
   target.bind('dragleave', function(event) {
   $(this).removeClass('hover');
```

```
    if (event.preventDefault) event.preventDefault();
return false;
});
```

Isto se aplica à classe hover na folha de estilo, que é utilizada e removida quandos estes eventos são ativados.

Arrasto de Arquivos

O arrasto de texto e elementos em uma página é apenas o começo. O padrão permite que desenvolvedores criem interfaces que possam receber arquivos do computador do usuário. O envio (*uploading*) de uma foto ou a anexação de um arquivo fica tão simples quanto o arrasto do arquivo ao alvo especificado. Na verdade, Gmail de Google suporta isto em Firefox 3.6 e Chrome 5.

O excelente artigo[8] de Leslie Michael Orchard ajuda-nos a explorar mais este tema.

Nem Tudo Está Bem

O comportamento em vários navegadores é, para sermos gentis, inconsistente. IE 8 funciona, mas trava se tentarmos especificar o tipo de dado para setData( ) como URL, em vez de Text.

Ademais, em Safari 4, para suportar o arrasto de elementos que não sejam imagens ou *links*, precisamos adicionar CSS à folha de estilo:

```
#contents li{
  -webkit-user-drag
}
```

Ao longo deste livro, discutimos quão importante é manter estilo e comportamento separados do conteúdo, e isto quebra totalmente este conceito. Não tentemos arrastar texto para campos de formulário. Navegadores modernos já nos permitem fazer isto, mas não existe uma boa maneira de estender (*override*) este comportamento.

---

[8] http://decafbad.com/blog/2009/07/15/html5-drag-and-drop

No momento, obtemos resultados muito melhores com menos código usando uma biblioteca JavaScript que suporte arrasto e largada, como jQuery UI[9].

Mesmo com uma biblioteca, ainda temos uma última preocupação: acessibilidade. O padrão nada diz sobre como tratar usuários que não podem usar um *mouse*. Se implementarmos a funcionalidade arrastar e largar em nossas interfaces, precisaremos desenvolver um segundo método que não requeira JavaScript ou um *mouse* para funcionar, e tal método dependerá do que tentemos fazer.

Este padrão tem um grande potencial, mas também tem coisas que merecem atenção. Devemos usá-lo quando fizer sentido, tomando o cuidado de não forçarmos os usuários a algo que não podem usar.

11.4 WebGL

Falamos sobre o context 2D do element canvas; há outro padrão em desenvolvimento que descreve como trabalhar com objetos 3D. O padrão WebGL[10] não faz parte de HTML5, mas Apple, Google, Opera e Mozilla integram o grupo de trabalho e implementaram algum suporte em seus respectivos navegadores.

O trabalho com gráficos 3D está além do escopo deste livro; o *site* Learning WebGL[11] (Aprendendo WebGL) oferece ótimos exemplos e tutoriais.

11.5 API de Base de Dados Indexada

Neste livro, discutimos dois métodos para armazenagem de dados no cliente: Web Storage e Web SQL Storage. A fundação Mozilla refutou o padrão Web SQL, por não considerar uma boa ideia basear o padrão em uma plataforma SQL específica. A fundação Mozilla introduziu um novo padrão denominado Indexed Database API, que deve se tornar independente[12].

---

9 http://docs.jquery.com/UI/Draggable
10 https://cvs.khronos.org/svn/repos/registry/trunk/public/webgl/doc/spec/WebGL-spec.html
11 http://learningwebgl.com/blog/?p=11
12 http://www.w3.org/TR/IndexedDB/

Indexed Database API é um depósito chave/valor similar a APIs Web Storage, como localStorage e sessionStorage, mas provê métodos para a realização de consultas avançadas. Infelizmente, à época da escrita deste livro, não havia implementações disponíveis deste padrão; portanto, nem vale a pena discutir detalhes da implementação, pois, provavelmente, o padrão ainda sofrerá modificações até a forma final. Firefox 4 e Chrome 7 devem incluir suporte ao padrão.

Vale a pena estarmos atentos a este padrão, pois Web SQL está diante de um impasse e Mozilla afirmou numerosas vezes que não planeja implementar Web SQL em Firefox, pois se sente desconfortável com o dialeto SQL e não considera que o padrão deva ser baseado em uma implementação particular de base de dados. O padrão Web SQL usa o dialeto da base de dados SQLite, que pode sofrer alteração independentemente do padrão. É muito provável que Internet Explorer também venha a implementar o novo padrão, pois a Microsoft se interessou por seu desenvolvimento[13].

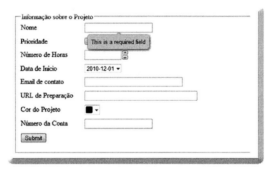

Figure 11.2: Opera exibe um alarme destacado.

11.6 Validação de Formulário no Lado Cliente

O padrão HTML5 lista diversos atributos que podemos usar para validar a entrada do usuário no lado cliente; podemos, portanto, identificar simples erros de entrada antes que o usuário envie a solicitação ao servidor. Há anos fazemos isto com JavaScript, mas formulários de HTML5 podem usar novos atributos para especificar o comportamento.

Para assegurar que um usuário solicitou um campo de formulário, podemos adicionar o atributo necessário:

---

13 http://hacks.mozilla.org/2010/06/beyond-html5-database-apis-and-the-road-to-indexeddb/

▎ html5validation/index.html
```
<label for="name">Nome</label>
<input type="text" name="name" autofocus required id="name">
```

Navegadores podem, então, evitar que o formulário seja submetido e exibir uma boa mensagem de erro, sem que tenhamos de escrever uma única linha JavaScript para a validação. Opera já faz isto, como podemos ver na Figura 11.2.

Isto permite que usuários sejam alertados logo de início, sem esperar por uma resposta do servidor e descobrir que um erro foi cometido. Este comportamento pode estar desabilitado, indisponível ou simplesmente pode não estar implementado corretamente; portanto, devemos ter uma estratégia no lado servidor para a validação de dados. Isto, sem dúvida, é algo sobre o que podemos começar a pensar imediatamente, pois podemos localizar os campos requeridos com facilidade e aplicar estilo à interface com CSS para que os referidos campos se sobressaiam em relação ao resto.

Podemos levar isto um pouco mais adiante com o atributo pattern, que nos permite especificar uma expressão regular para assegurar que o conteúdo casa com o critério.

▎ html5validation/index.html
```
<input type="text"
name="acctnumber" id="acctnumber"
required
pattern="^[1-9]+[0-9]*$" >
```

Guia Conciso de Recursos

Apêndice A

Na descrição a seguir, o suporte do navegador é mostrado entre colchetes, segundo um código conciso e a versão mais antiga suportada. Os códigos usados são: C: Google Chrome, F: Firefox, IE: Internet Explorer, O: Opera, S: Safari, IOS: dispositivos iOS com Mobile Safari; A: Android Browser.

A.1 Novos Elementos

Referenciados no Tópico 1, *Redefinição de um Blog Usando Marcação Semântica*:

<header>
  Define uma região de cabeçalho de uma página ou seção. *[C5, F3.6, IE8, S4, O10]*

<footer>
  Define uma região de rodapé de uma página ou seção. *[C5, F3.6, IE8, S4, O10]*

<nav>
  Define uma região de navegação de uma página ou seção. *[C5, F3.6, IE8, S4, O10]*

<section>
  Define uma região lógica de uma página ou um agrupamento de conteúdo. *[C5, F3.6, IE8, S4, O10]*

<article>
  Define um artigo ou peça completa de conteúdo. *[C5, F3.6, IE8, S4, O10]*

<aside>
  Define conteúdo secundário ou relacionado. *[C5, F3.6, IE8, S4, O10]*

<meter>
  Descreve uma grandeza em um intervalo. *[C5, F3.5, S4, O10]*

<progress>
    Controle que mostra progresso em tempo real em direção a um objetivo. [Não suportado à época da publicação deste livro.]

A.2 Atributos

Atributos data personalizados
    Permitem a adição de atributos personalizados a qualquer elemento usando o padrão data-. [Todos os navegadores suportam a leitura destes atributos através do método getAttribute() de JavaScript.]

    Referenciado no Tópico 2, *Criação de Janelas Pop-up com Atributos Data Personalizados*.

Suporte a edição local [<p contenteditable>lorem ipsum</p>]
Suporte a edição local de conteúdo via navegaador. *[C4, S3.2, IE6, O10.1]*

Referenciado no Tópico 6, *Edição Local com contenteditable*.

A.3 Formulários

Referenciados no Tópico 3, *Descrição de Dados com Novos Campos de Entrada*.

Campo de email [<input type="email">]
    Exibe um campo de formulário para endereços de *email*. *[O10.1, IOS]*

Campo de URL [<input type="url">]
    Exibe um campo de formulário para URLs. *[O10.1, IOS]*

Campo de telefone [<input type="tel">]
    Exibe um campo de formulário para números de telefone. *[O10.1, IOS]*

Campo de busca [<input type="search">
    Exibe um campo de formulário para a busca de palavras-chave. *[C5, S4, O10.1, IOS]*

Controle deslizante (*range*) [<input type="range">]
   Exibe um controle deslizante. *[C5, S4, O10.1]*

Números [<input type="number">]
   Exibe um campo de formulário para números, geralmente como uma caixa de texto com controle (*spinbox*). *[C5, S5, O10.1, IOS]*

Campo de data [<input type="date">]
   Exibe um campo de formulário para datas. Suporta dia, mês ou semana. *[C5, S5, O10.1]*

Data com hora [<input type="datetime">]
   Exibe um campo de formulário para datas com hora. Suporta datetime, datetime-local ou time. *[C5, S5, O10.1]*

Cor [<input type="color">]
   Exibe um campo de formulário para a especificação de cores. *[C5, S5]* (Chrome 5 e Safari 5 entendem o campo Color, mas não exibem qualquer controle específico.)

A.4 Atributos de Campos de Formulário

Suporte a autofoco [<input type="text" autofocus>]
   Suporte ao posicionamento do foco em um elemento de formulário específico. *[C5, S4]*

   Referenciado no Tópico 4, *Direto ao Primeiro Campo com Autofocus.*

Suporte a alocadores de lugar (*placeholder*) [<input type="email" placeholder="me@example.com">]

Suporte a exibição de texto em alocador de lugar em um campo de formulário. *[C5, S4, F4]*

   Referenciado nop Tópico 5, *Provimento de Sugestões com Texto em Alocador de Lugar.*

252 ◄ HTML5 e CSS3 ►

required [<input type="email" required >]
Torna um campo exigido. *[C5, S5, O10.6]*

    Referenciado na Seção11.6, *Validação de Formulário no Lado Cliente.*

pattern [<input type="text" pattern="^[1-9]+[0-9]*$">]
Valida dados de campo de formulário segundo o padrão da expressão regular específica. *[C5, S5, O10.6]*

    Referenciado na Seção11.6, *Validação de Formulário no Lado Cliente.*

A.5 Acessibilidade

Atribulo role [<div role="document">]
Identifica responsabilidade de um elemento para leitores de tela. *[C3, F3.6, S4, IE8, O9.6]*

Referenciado no Tópico 11, *Provimento de Sugestões de Navegação com Roles ARIA.*

aria-live [<div aria-live="polite">]
Identifica uma região que é atualizada automaticametne, possivelmente por Ajax.
[F3.6 (Windows), S4, IE8]

Referenciado no Tópico 12, *Criação de Região Atualizável Acessível.*

aria-atomic [<div aria-live="polite" aria-atomic="true">]
Identifica se todo o conteúdo de uma região viva deve ser lido ou apenas os elementos que foram modificados. *[F3.6 (Windows), S4, IE8]*

Referenciado no Tópico 12, *Criação de Região Atualizável Acessível.*

A.6 Multimídia

<canvas> [<canvas><p>Conteúdo alternativo</p></canvas>]
Suporta a criação de imagens vetoriais via JavaScript. *[C4, F3, IE9, S3.2, O10.1, IOS3.2, A2]*

Referenciado no Capítulo 6, *Uso de Canvas*.

<audio> [<audio src="drums.mp3"></audio>]
   Toca áudio de modo nativo no navegador. *[C4, F3.6, IE9, S3.2, O10.1, IOS3, A2]*

Referenciado no Tópico 15, *Uso de Áudio*.

<video> [<video src="tutorial.m4v"></video>]
   Toca vídeo de modo nativo no navegador. *[C4, F3.6, IE9, S3.2, O10.5, IOS3, A2]*

Referenciado no Tópico 16, *Inclusão de Vídeo*.

A.7 CSS3

Referenciado na Seção 11.1, *Transições de CSS3*.

:nth-of-type [p:nth-of-type(2n+1){color: red;}]
   Determina todos os *n* elementos de um certo tipo. *[C2, F3.5, S3, IE9, O9.5, IOS]*

Referenciado no Tópico 7, *Aplicação de Estilo a Tabelas com Pseudoclasses*.

:first-child [p:first-child{color:blue;}]
   Determina o primeiro elemento derivado (*child element*). *[C2, F3.5, S3, IE9, O9.5, IOS3, A2]*

Referenciado no Tópico 7, *Aplicação de Estilo a Tabelas com Pseudoclasses*.

:nth-child [p:nth-child(2n+1){color: red;}]
   Determina um elemento específico derivado em contagem progressiva. *[C2, F3.5, S3, IE9, O9.5, IOS3, A2]*

Referenciado no Tópico 7, *Aplicação de Estilo a Tabelas com Pseudoclasses*.
:last-child [p:last-child{color:blue;}]

Determina o último elemento derivado (*child element*). *[C2, F3.5, S3, IE9, O9.5, IOS3, A2]*

Referenciado no Tópico 7, *Aplicação de Estilo a Tabelas com Pseudoclasses.*

:nth-last-child [p:nth-last-child(2){color: red;}]
    Determina um elemento específico derivado em contagem regressiva. *[C2, F3.5, S3, IE9, O9.5, IOS3, A2]*

Referenciado no Tópico 7, *Aplicação de Estilo a Tabelas com Pseudoclasses.*

:first-of-type [p:first-of-type{color:blue;}]
    Determina o primeiro elemento de um dado tipo. *[C2, F3.5, S3, IE9, O9.5, IOS3, A2]*

Referenciado no Tópico 7, *Aplicação de Estilo a Tabelas com Pseudoclasses.*

:last-of-type [p:last-of-type{color:blue;}]
    Determina o último elemento de um dado tipo. *[C2, F3.5, S3, IE9, O9.5,*
IOS3, A2]

Referenciado no Tópico 7, *Aplicação de Estilo a Tabelas com Pseudoclasses.*

Suporte a colunas [#content{ column-count: 2; column-gap: 20px; column-rule: 1px solid #ddccb5; }]
    Divide uma area de conteúdo em múltiplas colunas. *[C2, F3.5, S3, O9.5, IOS3, A2]*

Referenciado no Tópico 9, *Criação de Layouts de Múltiplas Colunas.*

:after [span.weight:after { content: "lbs"; color: #bbb; }]
    Usado com content para inserir conteúdo após o elemento especificado. *[C2, F3.5, S3, IE8, O9.5, IOS3, A2]*

Referenciado no Tópico 8, *Implementação de Links Imprimíveis com :after e content.*

Media Queries [media="only all and (max-width: 480)"]
   Aplica estilos com base em especificação de dispositivos. *[C3, F3.5, S4, IE9, O10.1,*
IOS3, A2]

Referenciado noTópico 10, *Construção de Interfaces Móveis com Consultas a Mídias.*

border-radius [border-radius: 10px;]
   Arredonda cantos de elementos. *[C4, F3, IE9, S3.2, O10.5]*

Referenciado no Tópico 17, *Suavização de Bordas Agudas.*

Suporte a RGBa [background-color: rgba(255,0,0,0.5);]
   Usa cor RGB no lugar de códigos hex, juntamente com transparência. *[C4, F3.5, IE9, S3.2, O10.1]*

Referenciado no Tópico 18, *Uso de Sombras, Gradientes e Transformações.*

box-shadow [box-shadow: 10px 10px 5px #333;]
   Cria sombras em elementos. *[C3, F3.5, IE9, S3.2, O10.5]*

Referenciado Tópico 18, *Uso de Sombras, Gradientes e Transformações.*

Rotação: [transform: rotate(7.5deg);]
   Gira qualquer elemento. *[C3, F3.5, IE9, S3.2, O10.5]*

Referenciado Tópico 18, *Uso de Sombras, Gradientes e Transformações.*

Gradientes: [linear-gradient(top, #fff, #efefef);]
   Cria gradientes (*dégradés*) para uso como imagens. *[C4, F3.5, S4]*

Referenciado Tópico 18, *Uso de Sombras, Gradientes e Transformações.*

@font-face [@font-face { font-family: EspetaculoSAFont;
src: url(http://example.com/espetaculosa.ttf); font-weight: bold; }]
   Permite o uso de fontes específicas via CSS. *[C4, F3.5, IE5+, S3.2,*

O10.1]
Referenciado no Tópico 19, *Uso de Fontes Reais*.

A.8 Armazenagem no Lado Cliente

localStorage
 Armazena dados em pares chave/valor, associados a um domínio, e os persiste ao longo de sessões do navegador. *[C5, F3.5, S4, IE8, O10.5, IOS, A]*

Referenciado no Tópico 20, *Guarda de Preferência com localStorage*.

sessionStorage
 Armazena dados em pares chave/valor, associados a um domínio, e os apaga ao término da sessão do navegador. *[C5, F3.5, S4, IE8, O10.5, IOS, A]*

Referenciado no Tópico 20, *Guarda de Preferência com localStorage*.

Base de dados Web SQL
 Bases de dados completamente relacionais com suporte à criação de tabelas, inserção, atualização, remoção e seleção com transações. Associadas a um domínio e persistem ao longo de sessões. *[C5, S3.2, O10.5, IOS3.2, A2]*

Referenciado no Tópico 21, *Armazenagem de Informação em Bases de Dados Relacionais no Lado Cliente*.

A.9 APIs Adicionais

Aplicações de *Web Offline*
 Define arquivos a serem guardados em cache para uso *offline*, permitindo que aplicações rodem sem conexão com a internet. *[C4, S4, F3.5, O10.6, IOS3.2, A2]*

Referenciado no Tópico 22, *Trabalho Offline*.

História
Gerencia a história do navegador. *[C5, S4, IE8, F3, O10.1 IOS3.2, A2]*

Referenciado no Tópico 23, *Preservação da História*.
   Troca de mensagens entre documentos (*Cross-document Messaging*)
   Envia mensagens entre janelas com conteúdo carregado em diferentes domínios. *[C5, S5, F4, IOS4.1, A2]*

Referenciado no Tópico 24, *Mensagens Entre Domínios*.

Web Sockets
   Cria conexão com estados entre um navegador e um servidor. *[C5, S5, F4, IOS4.2]*

Referenciado no Tópico 25, *Bate-Papo com Web Sockets*.

Geolocation
   Obtém latitude e longitude do navegador do cliente. *[C5, S5, F3.5, O10.6, IOS3.2, A2]*

Referenciado no Tópico 26, *Determinação de Localização: Geolocation*.

Web Workers
   Processamento de fundo para JavaScript. *[C3, S4, F3.5, O10.6]*

Referenciado na Seção 11.2, *Web Workers*.

Canvas 3D com WebGL.1
   Criação de objetos 3D com canvas. *[C5, F4]*

Referenciado na Seção11.4, *WebGL*.

Arrastar e Largar (*Drag and Drop*)
   API para interação arrastar e largar. *[C3, S4, F3.5, IE6, A2]*

Referenciado na Seção 11.3, *Suporte Nativo a Arrastar-e-Largar*.

Introdução a jQuery

Apêndice B

Escrever JavaScript, de forma limpa e concisa, que funcione bem em todos os principais navegadores é uma tarefa difícil. Há muitas bibliotecas que tornam este processo menos doloroso, das quais jQuery é uma das mais populares. jQuery é de uso fácil, há uma grande variedade de bibliotecas e é uma boa candidata à criação de soluções de compatibilização.

Este apêndice apresenta as partes da biblioteca jQuery usadas ao longo deste livro. Este apêndice não deve ser visto como um substituto à excelente documentação de jQuery[1] e não dará uma lista exaustiva dos recursos e métodos disponíveis. Contudo, é um bom ponto de partida.

B.1 Como Carregar jQuery

A biblioteca jQuery pode ser obtida do *website*[2] e um *link* pode ser estabelecido diretamente ao script jQuery; contudo, aqui, carregaremos jQuery dos servidores Google:

```
jquery/simple_selection.html
<script type="text/javascript"
    charset="utf-8"
    src="http://ajax.googleapis.com/ajax/libs/jque-
ry/1.4.2/jquery.min.js" >
</script>
```

Navegadores podem fazer poucas conexões de cada vez. Se distribuirmos nossas imagens e scripts em múltiplos servidores, os usuários poderão baixar nossas páginas com mais rapidez. O uso da rede de distribuição de conteúdo de Google tem um benefício adicional: como outros *sites* também estabelecem *link* à biblioteca jQuery de Google, pode ser que os navegadores dos visitantes já tenham guardado a biblioteca em cache. Como provavelmente todos sabemos, navegadores usam a URL completa a um arquivo para decidir se há uma cópia do mesmo em cache. Caso planejemos trabalhar com

---

1 http://docs.jquery.com
2 http://www.jquery.com

jQuery em um *notebook* ou em um computador sem acesso constante à internet, devemos estabelecer *link* para uma cópia local.

B.2 Fundamentos de jQuery

Uma vez carregada a biblioteca jQuery na página, podemos começar a trabalhar com elementos. jQuery tem uma função denominada função jQuery( ). Esta função é o coração da biblioteca jQuery. Empregamos esta função para buscar elementos usando seletores CSS e, para que possamos manipulá-los, embrulhamos em objetos jQuery. Existe uma versão mais concisa da função jQuery( ) que usamos neste livro: $();. Ao longo do resto deste apêndice, nos referiremos a esta função como "a função jQuery". Seu funcionamento é o seguinte:

Se desejarmos encontrar o *tag* h1 em uma página, usamos:

▌ jquery/simple_selection.html
```
$("h1" );
```

Para buscar todos os elementos com a classe important, usamos:

▌ jquery/simple_selection.html
```
$(".important" );
```

Examinemos a chamada da função mais uma vez. A única diferença entre estes dois exemplos é o seletor CSS usado. A função jQuery retorna um objeto jQuery": um objeto JavaScript especial que contém um *array* dos elementos DOM que casaram o seletor. Este objeto tem muitos métodos pré-definidos úteis que podemos usar para manipular os elementos selecionados. Analisemos alguns destes métodos em detalhe.

B.3 Métodos para Modificação de Conteúdo

Ao longo do livro, usamos diversos métodos jQuery para modificar o conteúdo HTML.

Ocultar e Exibir

Os métodos hide( ) e show() facilitam a ocultação e a exibição de elementos da interface de usuário. Podemos ocultar um ou vários elementos em uma página da seguinte forma:

```
jquery/simple_selection.html
$("h1" ).hide();
```

Para exibi-los, basta que chamemos o método show( ). Neste livro, usamos o método hide( ) para ocultar seções de páginas que deveriam aparecer somente quando JavaScript estivesse desabilitado, como em transcrições ou conteúdo de compatibilização.

html, val e attr

Usamos o método html( ) para obter e especificar o conteúdo interno do elemento em questão:

```
jquery/methods.html
$("message" ).html("Olá, Mundo!" );
```

Aqui, especificamos o conteúdo entre os *tags* h1 de abertura e fechamento como "Olá, Mundo!".

O método val( ) especifica e recupera o valor de um campo de formulário. Funciona exatamente da mesma forma que o método html( ).

O método attr( ) nos permite recuperar e especificar atributos em elementos.

append, prepend e wrap

O método append( ) adiciona um novo elemento derivado (*child element*) após elementos existentes. Se tivermos um formulário simples e uma lista não ordenada vazia, como:

▌ jquery/methods.html
```
<form id="task_form" >
   <label for="task" >Tarefas</label>
   <input type="text" id="task" >
   <input type="submit" value="Add" >
</form>
<ul id="tasks" >
</ul>
```

podemos criar novos elementos na lista anexando-os ao submetermos o formulário:

▌ jquery/methods.html
```
$(function(){
  $("#task_form" ).submit(function(event){
    event.preventDefault();
    var new_element = $("<li>" + $("#task" ).val() + "</li>" );
    $("#tasks" ).append(new_element);
  });
});
```

O método prepend( ) funciona da mesma forma que o método append( ), mas insere o novo elemento antes dos elementos existentes. O método wrap( ) embrulha o elemento selecionado com o elemento representado pelo objeto jQuery especificado:

▌ jquery/methods.html
```
var wrapper = $("#message" ).wrap("<div><h2>Message</h2></div>" ).parent();
```

Neste livro, usamos estas técnicas para criar algumas estruturas complexas programaticamente.

CSS e Classes

Podemos usar o método css( ) para definir estilos em elementos:

■ jquery/methods.html
```
    $("label" ).css("color" , "#f00" );
```

Podemos definir um estilo de cada vez e usar hash de JavaScritp para alocar várias regras CSS ao elemento:

■ jquery/methods.html
```
    $("h1" ).css( {"color" : "red" ,
"text-decoration" : "underline" }
);
```

Contudo, não é uma boa ideia misturar estilo e scritps. Podemos usar os métodos addClass( ) e removeClass( ) de jQuery para adicionar e remover classes quando um dado evento ocorrer. Podemos, então, associar estilos com estas classes. Para alterar o fundo nos campos de nosso formulário quando recebem ou perdem foco, podemos combinar eventos e classes jQuery:

■
```
$("input" ).focus(function(event){
    $(this).addClass("focused" );
});
    $("input" ).blur(function(event){
    $(this).removeClass("focused" );
});
```

Este é um exemplo trivial que pode ser substituido pela pseudoclasse :focus em CSS3, mas que não é suportada em alguns navegadores.

Concatenação

Métodos em objetos jQuery retornam objetos jQuery, o que significa que podemos concatenar métodos indefinidamente:

■ jquery/simple_selection.html
```
  $("h2" ).addClass("hidden" ).removeClass("visible"
);
```

Todavia, devemos ter o cuidado de não exagerar no uso deste procedimento, pois isso pode dificultar a leitura do código.

B.4 Criação de Elementos

De vez em quando, precisamos criar novos elementos HTML e inseri-los em nossos documentos. Podemos usar o método jQuery( ) de jQuery para criar tais elementos:

```
jquery/create_elements.html
    var input = $("input" );
```

Embora possamos usar document.createElement("input"); para isto, também podemos chamar métodos adicionais com facilidade se empregarmos a função jQuery:

```
jquery/create_elements.html
    var element = $("<p>Olá, Mundo</p>" );
element.css("color" , "#f00" ).insertAfter("#header"
);
```

Este é outro exemplo em que a concatenação de jQuery nos ajuda a construir e manipular estruturas com rapidez.

B.5 Eventos

É comum precisarmos ativar eventos quando usuários interagem com nossa página; jQuery facilita muito esta tarefa, pois muitos eventos comuns são métodos no objeto jQuery que tomam uma função como argumento. Por exemplo, podemos especificar que, em uma página, todos os *links* com a classe popup sejam abertos em uma nova janela:

```
jquery/popup.html
Linha    1  var links = $("#links a" );
       links.click(function(event){
           var address = $(this).attr('href' );
           event.preventDefault();
           window.open(address);
       });
```

No manipulador de eventos (*event handler*) jQuery, podemos acessar o elemento em questão usando a palavra-chave this. Na linha 3, passamos this à função jQuery para nela chamar o método attr( ) para recuperar rapidamente o endereço de *link* de destino.

Usamos a função preventDefault( ) para evitar que o evento original seja ativado, para que não interfira no que estamos fazendo.

Método bind( )

Alguns eventos não são suportados diretamente por jQuery, mas podemos usar o método bind( ) para manipulá-los. Por exemplo, na implementação da parte Arrastar e Largar do padrão HTML5, precisamos cancelar o evento ondragover. Usamos bind( ) desta forma:

```
jquery/bind.html
    target = $("#droparea" )
    target.bind('dragover' , function(event) {
    if (event.preventDefault) event.preventDefault();
return false;
});
```

Reparemos que não usamos o prefixo on para o evento em observação.

Evento Original

Quando usamos qualquer das funções de evento jQuery, como bind( ) e click( ), jQuery embrulha o evento JavaScript em seu próprio objeto e copia apenas algumas das propriedades. Às vezes, precisamos obter o evento original para que possamos acessar as propriedades que não foram clonadas. Os eventos de jQuery nos dão acesso ao evento original com a propriedade originalEvent. Podemos acessar a propriedade data do evento onmessage da seguinte forma:

```
$(window).bind("message" ,function(event){
    var message_data = event.originalEvent.data;
});
```

Podemos usar esta técnica para chamar qualquer propriedade ou método do evento original.

B.6 Função document.ready

O termo "JavaScript discreto" se refere ao JavaScript que é mantido totalmente separado do conteúdo. Em vez de adicionarmos atributos onclick aos elementos HTML, usamos manipuladores de eventos (*event handlers*) como na Seção B.5, *Eventos*. Adicionamos, discretamente, comportamento ao documento sem modificá-lo. O HTLM que usamos não requer que os usuários tenham JavaScript habilitado.

Uma deficiência deste método é que JavaScript não consegue "ver" qualquer dos elementos em nosso documento até que tenham sido declarados. Poderíamos incluir o código JavaScript em um bloco no fim da página, depois que tudo o mais tenha sido processado (*rendered*), mas isto não é reaproveitável entre páginas.

Poderíamos embrulhar o código JavaScript no manipulador de evento window.onLoad() de JavaScript, mas este evento é ativado depois de todo o conteúdo ter sido carregado. Isto poderia causar um atraso, o que significaria que os usuários poderiam interagir com coisas antes de os eventos terem sido anexados. Precisamos de uma forma para adicionar os eventos quando o DOM é carregado, mas antes de ser exibido.

A função document.ready de jQuery faz exatamente isto, e de uma forma que funciona em diversos navegadores. Esta função é usada da seguinte forma:

▌jquery/ready.html
```
    $(document).ready(function() {
alert("Olá! Sou uma popup que abre quando a página é
carregada." );
});
```

Há uma versão mais curta e compacta, que usaremos em nosso código:

▌`jquery/ready.html`
```
    $(function() {
alert("Olá! Sou uma popup que abre quando a página é carregada." );
});
```

Este padrão foi usado em quase todos os exemplos neste livro para que pudéssemos, discretamente, adicionar soluções de compatibilização aos projetos.

Esta é apenas uma pequena amostra do que podemos fazer com jQuery. Além dos recursos para manipulação de documentos, jQuery fornece métodos para a serialização de formulários e realização de solicitações Ajax, incluindo algumas funções utilitárias que facilitam a execução de *looping* e varredura de DOM (*DOM traversal*). À medida que nos familiarizarmos com seu uso, sem dúvida, encontraremos muitas outras aplicações para jQuery em nossos projetos.

Codificação de Áudio e Vídeo

C.1 Codificação de Áudio

A codificação de áudio e vídeo para uso com *tags* audio e video de HTML5 é um tema complexo e foge do escopo deste livro; todavia, este breve apêndice indicará o caminho para o caso de necessitarmos criar conteúdo próprio.

C.1 Codificação de Áudio

Para que possamos alcançar a maior audiência possível, devemos preparar os arquivos de áudio nos formatos MP3 e Vorbis e, para isto, algumas ferramentas estão disponíveis.

Para a codificação de arquivos MP3, Lame fornece a melhor qualidade. Na codificação, é interessante que usemos taxa de bits variável. Uma codificação de alta qualidade pode ser obtida como:

```
lame in.wav out.mp3 -V2 --vbr-new -q0 --lowpass 19.7
```

Para áudio Vorbis, a codificação pode ser feita com Oggenc. A codificação de um arquivo Vorbis com áudio de qualidade e taxa de bits variável pode ser feita como:

```
oggenc -q 3 inputfile.wav
```

Mais informação sobre codificações MP3 e Vorbis pode ser encontrada em Hydrogen Audio[1]. A informação disponível neste *site* é excelente, mas devemos explorar as configurações para que tudo funcione a contento para nós e nossos ouvintes.

---

[1] Lame encontra-se em http://wiki.hydrogenaudio.org/index.php?title=Lame#Quick_start_.28short_answer.29 e Vorbis, em http://wiki.hydrogenaudio.org/index.php?title=Recommended_Ogg_Vorbis.o

C.2 Codificação de Vídeo para a *Web*

Se quisermos alcançar todas as plataformas usando vídeo de HTML5, devemos codificar os arquivos de vídeo em vários formatos. A codificação segundo H.264, Theora e VP8 pode consumir muito tempo, desde a configuração de um codificador de fonte aberta, como FFMpeg[2], até a codificação propriamente dita. A adequada codificação de vídeo está além do escopo deste livro. Não dispomos de páginas suficientes para explicar o comando a seguir, que converte um arquivo em VP8 usando o contêiner WebM:

```
ffmpeg -i blur.mov
-f webm -vcodec libvpx_vp8 -acodec libvorbis
-ab 160000 -sameq
blur.webm
```

Se não quisermos gastar tempo com as configurações, o serviço de *web* Zencoder[3] pode codificar nossos vídeos em todos os formatos necessários ao uso com vídeo de HTML5. Basta que coloquemos os vídeos em Amazon S3 ou outra URL pública e, então, efetuemos a codificação dos arquivos de vídeos em múltiplos formatos por meio da interface de *web* do serviço ou via chamadas de API. Zencoder pegará os arquivos de vídeo, os codificará e transferirá os novos vídeos de volta aos servidores. O serviço não é gratuito, mas produz excelentes resultados e pode economizar muito tempo, especialmente se tivermos grande quantidade de conteúdo a codificar[4].

Uma opção interessante para quem deseja explorar estes formatos por conta própria é Miro Video Converter[55], que tem pré-configurações para a conversão de arquivos de vídeo em múltiplos formatos e é de fonte aberta.

---

2 http://www.ffmpeg.org/

3 http://www.zencoder.com/

4 A bem da verdade, o autor conhece alguns dos desenvolvedores em Zencoder; mas, mesmo que não conhecesse nenhum deles, recomendaria o serviço.

5 http://mirovideoconverter.com/

Recursos

Apêndice

D.1 Recursos na *Web*

Apple—HTML5. . . . . http://www.apple.com/html5/
Página da Apple sobre HTML5 e padrões de *web* suportados por seu navegador Safari 5.

CSS3.Info. http://www.css3.info/
Muita informação e exemplos relacionados aos vários módulos que compõem CSS3.

Font Squirrel . . . . http://www.fontsquirrel.com
Fornece fontes abertas em vários formatos adequados à distribuição na *web*.

HTML5. . . . . http://www.w3.org/TR/html5/
Padrão HTML5 em W3C.

HTML5— Centro de Desenvolvimento de Mozilla.. .https://developer.mozilla.org/en/html/html5
Página do Centro de Desenvolvimento de Mozilla sobre HTML5.

Implementação de Web Socket Servers com Node.js. . . http://www.web2media.net/laktek/2010/05/04/implementing-web-socket-servers-with-node-js/
Como escrever servidores Web Sockets com Node.js.

Teste de Microsoft IE9. . . . . .http://ie.microsoft.com/testdrive/
Demonstração de recursos de HTML5 (e relacionados) em Internet Explorer 9.

Ruby e WebSockets—TCP para Navegador. . . http://www.igvita.com/2009/12/22/ruby-websockets-tcp-for-the-browser/
Informação sobre em-websocket, uma biblioteca Ruby para a construção de servidores Web Sockets.

Configuração de um Arquivo de Política Flash (Flash Policy File)...
... http://www.lightsphere.com/dev/articles/flash_socket_policy.html
Contém descrição detalhada de arquivos de Política de Soquetes de Flash (*Flash Socket Policy*).

Typekit .... http://www.typekit.com
Serviço que permite o uso de fontes licenciadas em um *website* com o emprego de uma simples API de JavaScript.

Unit Interactive: "Melhores Pilhas de Fontes CSS"...
... http://unitinteractive.com/blog/2008/06/26/better-css-font-stacks/
Discussão de pilhas de fontes (*font stacks*), com alguns excelentes exemplos.

Vídeo para Todos! ...... http://camendesign.com/code/video_for_everybody
Informação sobre vídeo de HTML5, com código para tocar vídeo em todos os navegadores.

Video.js .... http://videojs.com
Biblioteca JavaScript para auxiliar a exibição de vídeos de HTML5.

Quando Posso Usar.. .... http://caniuse.com/
Tabelas de compatibilidade de navegadores em relação a HTML5, CSS3 e tecnologias relacionadas.

Bibliografia

[Hog09] Brian P. Hogan. *Web Design For Developers*. The Pragmatic Programmers, LLC, Raleigh/Dallas, 2009.

[HT00] Andrew Hunt and David Thomas. *The Pragmatic Programmer: From Journeyman to Master*. Addison-Wesley Reading, Boston, 2000.

[Zel09] Jeffrey Zeldman. *Designing With Web Standards*. New Riders Press, New York, third edition, 2009.

Índice

A

AAC 134
Accessibility for Rich Internet Applications (WIA-ARIA) 95
Acessibilidade 7, 252
  CSS3 253
Acessibilidade para Ricas Aplicações de Internet 95
addClass 263
Advanced Audio Coding 134
after 70
Apache 204
API Ajax de Google 232
API de Base de Dados Indexada 245
API JavaScript Para Conteúdo de Mídia 144
APIs Adicionais 256
API Static Map de Google 228
Aplicação de Estilo 27
  aplicar estilo 27
  elementos 27
  elementos meter 29
append 261
Apple 10, 130
Aprendendo WebGL 245
ARIA 98
Armazenagem no Lado Cliente 2, 256
Armazenagem no Lado Servidor 185
arquivo 203, 244
  arrasto 244
  manifest 203
Arquivo de Política Flash 272
arquivos 269
  MP3 269
Arrastar-e-Largar 238
  implementação Drag and Drop 238
Arrasto de Arquivos 244

arredondar os cantos 150
  arredondamento de cantos 150
article 16, 23
aside 17, 25
assertive 105
Assertive 105
  Assertive 105
  Atualização Polite 105
atributo 15, 53, 241
  autocomplete 53
atributo autofocus 49
atributo draggable (largável) de HTML5 241
  draggable 241
  HTML5 241
atributo ID 20
  ID 20
atributo longdesc 9
  longdesc 9
atributo placeholder 50, 54
  Preenchimento Automático 53
atributo profile 9
  profile 9
Atributos 250
Atributos data personalizados 250
Atributos de Campos de Formulário 251
Atualização Atomic 105
Áudio 133, 135, 146, 269
  Codecs 133
  Compatibilização 138
  Uso 135

B

Barras Laterais 25
baseados em Ruby 212
Bases de Dados Relacionais no Lado

Cliente 188
beginPath 116
biblioteca 80, 119
biblioteca jQuery 259
  Fundamentos 260
biblioteca Modernizr 48
  Modernizr 48
biblioteca web-socket-js 225
  web-socket-js 225
box-shadow 162

C

caching 204
campo 45
  tipo color 46
  URLs 45
campo de entrada 47
Campos de Entrada 41
  Descrição de Dados com Novos Campos de Entrada 41
  Estabelecimento 42
  Formulário 42
canPlayType 139
cantos
arredondados 153
  Internet Explorer. 157
canvas 111, 112
Canvas 111
Chrome 160, 185
codec 132
Codecs 131
  Vídeo 131
Codificação Avançada de Áudio 134
Codificação de Áudio e Vídeo 269
Coluna 75
Colunas 85, 89
  Divisão 85
  Especificar Larguras 89
comentário condicional 31
Compatibilidade 4
Compatibilização 31, 36, 47, 54, 79, 89, 93, 107, 119, 125, 141, 153, 165, 175, 185, 201, 211, 218, 224, 231
acessibilidade 125
atributos data personalizados 36
Chrome 93
Compatibilização 31, 107, 141
Consultas de mídia 93
DirectX 165
filtros 165
história 211
Internet Explorer 165
localStorage 185
Mensagens Entre Domínios 211
navegador 211
plug-in Address de jQuery 211
plug-in Postback de jQuery 218
Comportamento 33
Conexão com a Base de Dados 193
Consultas a Mídias 92
Contêineres e Codecs 131, 134
  codecs 131
  contêineres e codecs 131
  Trabalhando Juntos 134
Contêiner MP4 135
Contêiner OGG 135
Contêiner WebM 135
contenteditable 15, 59
  Edição Local 59
  Formulário de Perfil 60
conteúdo 81
  com CSS 81
  Exibição de 124
  geração de 81
Conteúdo 124
Controle Deslizante 43
  Controles deslizantes 43
  sliders 43
Convites de interação 234
Cookies 186
  JavaScript 186
Cores 118
  Adição 118

Create, Retrieve, Update, and Delete"
    [Criar, Recuperar, Atualizar e
    Apagar 189
Criação de Gráficos Estatísticos com
    RGraph 119
Criação de Região Atualizável Acessível
    101
  Criação de 101
  criando de 102
  HTML5 102
  página 102
Criação de um Logotipo 112
  Criação de um Logotipo 112
CRUD 189
CSS 81, 124
  versus 124
CSS3 1, 10, 69, 234
  com CSS 69
  Transições de 234

D

Dados 62, 121
  Compatibilização 63
  Criação de uma Página de Edição 63
  Descrição de Dados com HTML 121
Datas 44
Definição de Cache com Manifest 203
Desenho de Retas 116
Desenvolvimento 1
Deslocamento da Origem 117
de Web 1
DirectX 166
Direitos 171
  Direitos 171
Divite 15
doctype 5
  declaração 5

E

Efeitos Visuais 4

elemento 111
elemento de bloco 15
elemento meter 16, 29
  elemento progress 30
elementos 15, 163, 166
  de bloco 15
Elementos 249, 264
  Criação de Elementos 264
elemento section 23
  elemento section 23
embutir 129
entrada 44, 45
  date 44
  e-mail 45
Especificações 183, 184
  Aplicação das 184
  localStorage 183
  Salvar e Carregar 183
Estilos 243
  Alteração de 243
estrutura de Ruby on Rails 37
Eventos Arrastar-e-Largar 240
ExplorerCanvas 119
  Canvas 119

F

facilidades 69
FFMpeg 270
filtro Gradient de Internet Explorer 167
  filtro Gradient 167
filtros 166
Firefox 93, 150, 152, 160, 161, 185, 202,
    211
  método -moz-linear-gradient 161
  seletor 152
Flash 130, 131, 225
  disponível 130
  Vários Navegadores 131
Flowplayer 141
folha de estilo 160, 165
  Internet Explorer. 165

fontes 149, 272
   fontes 170
   Uso de 170
Fontes 170, 171, 172
   Como Mudar 173
   Converter 172
   Fontes 171
   Formatos 172
Font Squirrel 271
FontSquirrel 173
footer 16, 21, 249
   elemento footer 21
formulário 50
   atributo autofocus. 50
   placeholder text 51
Formulários 3
   Melhores 3
Formulários de Web 39
função document.ready 266
   document.ready 266
Funções Temporais 235
Fundos Transparentes 164

G

Geolocation 228
   API Static Map 228
Google 10, 133, 201, 228
   Chrome Frame 201
   plug-in 201
   Trabalho Offline 202
Gradiente 160
   gradiente 160
Guarda de Preferência com localStorage 181

H

H.264 132
header 16
headers 20
história do navegador 208

HTML 79, 121
   Alterar o Código 79
   em um Gráfico de Barras 123
HTML5 1, 4, 10, 19, 202
   doctype 19
   suporte Offline 202
HTML5 e CSS3 10
HTMLShiv 32
Hydrogen 269

I

implementação Drag and Drop 238
Inclusão 129
   de Áudio e Vídeo 129
   de Vídeo 140
Inclusão de Vídeo 140
Indústria de Entretenimento para Adultos 146
instrução @font-face 171
   instrução @font-face 171
interface 190
   notas 190
Interfaces 3
   Melhores 3
Interfaces de Usuário 69
   Apelo Visual 149
interfaces de usuários 149
Interfaces Móveis 92
   Construção de Interfaces Móveis 92
Internet Explorer 7, 31, 119, 150, 158, 173, 185, 211
   Cantos arredondados 158
   Embedded OpenType 173
Invocação do Arredondamento 156
   invocar o arredondamento. 156

J

Janelas Pop-up 32
   Atributos 32
   Data 32

JavaScript 31, 80, 186, 237
  arquivo 237
  definir os elementos 31
  lançado como um trabalhador (worker) 237
JavaScript discreto 266
jQuery 35, 47, 80, 124, 211, 242, 260, 264
  aplicar estilo à tabela 80
  eventos 264
  jQuery 35
  método bind 242
  modificar o conteúdo HTML 260
  versus 124
jQuery Columnizer 90
  jQuery Columnizer 90

K

Keith Clark 80

L

landmark 101
  Compatibilização 101
  papéis 101
Landmark Roles 97
Largada de Elementos 242
last-child 76
  seletor last-child 76
Layouts de Múltiplas Colunas 85
leitor de tela (screen reader) 95
listras de zebra 73
localStorage 180, 181
  Construção do Formulário de Preferências 182

M

Macromedia 130
marcação semântica 24
Marcação Semântica 20

Melhor Acessibilidade 3
meter 17
método 116, 139
método addToNotesList 198
método attr 261
método bind 241
Método bind 265
método ClientLocation 232
método css 262
método executeSq 194
método getContext 112
método getScript 218, 232
método hide 261
método html 261
método insertNote 198
método jQuery 264
método loadNote 196
método -moz-linear-gradient 161
método onclose 223
método onmessage 223
método onopen 223
método polite 105
método postMessage 214, 218
  Postagem de Mensagem 214
método prepend 262
método pushstate 209
métodos 261
método showLocation 229, 232
método updateNote 198
  botão Nova nota 200
método val 261
método wrap 262
Microsoft 165, 173, 238
  folha de estilo 165
Miro Video Converter 270
Modernizr 48
Mozilla 10, 173
  Web Open Font Format 173
MP3 134, 269
Multimídia 1

N

nav 16, 20
navegador 10
  adoção de HTML5 e CSS3 10
Navegador 189, 271
  CRUD 189
navegadores 94
  suportam 94
Navegadores baseados em WebKit 161
navegador Mobile Safari 130
Notas 190, 193, 194
  Carrregamento de 194
  Criação de uma Tabela de 193
  Interface 190
nth-child 75

O

objeto window.localStorage 183
  especificação 183
Ocultação de Regiões 105
  ocultar 105
onclick 33
Opera 43, 44, 46, 93, 173
  calendar picker 44
  controles 46
  controle via spinbox 44
  widget 43

P

papéis 98, 101
Papéis Estruturais de Documentos 99
  Papéis estruturais de documentos 99
Papéis Landmark (Landmark roles) 97
patentes submarinas 133
pilhas de fonte 272
Pilhas de fontes (font stacks) 175
plug-in 90, 211
Plug-in formCorners 155
  jQuery 155

Plug-in formCorners 155
plug-in Google Chrome Frame 201
  Google Chrome Frame 201
Política de Soquetes de Flash 226
postMessage 237
progress 17, 29, 250
propriedade 162
propriedade transition-timing-function 235
Pseudoclasses 70
  com Pseudoclasses 70

R

Recepção de Mensagens 217
Recursos 271
Redefinição de um Blog Usando Marcação Semântica 17
  Doctype 18
  HTML5 18
regiões 105
Registro 195
  Inserção, Atualização e Remoção de 197
  Recuperação 195
Registros 197
removeClass 263
Remy 32
roles 98
Rotação 163, 166
  Rotação 163, 166
Ruby 271

S

Safari 45, 93, 150, 153, 160, 185, 202, 211
  campo 45
  data 45
  seletor 153
section 16, 249
seletor 35, 75, 78

nth-last-child 78
nth-of-type 74
seletor 35
Seletor de Cores 47
   seletor de cores (color picker) usando jQuery 47
seletores 69, 94
Seletores 4
   Avançados 4
Seletores Específicos de Navegadores 152
   Seletores Específicos de Navegadores 152
seletor nth-of-type 74
Separar 33
serviço de validação de W3C 4
servidores 212
sessionStorage 180, 187
Sharp 32
show 261
sintaxe de XHTML 6
Sombra 161
   Adição 161
Sombras 162
   Rotação 163
   Texto 162
Sombras, Gradientes e Transformações 158
   aplicação 160
Spinboxes 43
   spinboxes 43
Suavização de Bordas Agudas 150
Suporte à Detecção de Cantos Arredondados 153
   jQuery Corners 155
   Suporte à Detecção de 153

T

Tabelas 70
   Aplicação de Estilo 70
tag 23, 25

tag aside 25
tag embed 130
Tags de Autofechamento 5
   Autofechamento 5
Tags e Atributos Estruturais 15
Tags Obsoletos 7
   de apresentação 9
   Obsoletos 7
tag video 140
texto 115
   adição 115
   canvas 115
Texto 75
   Alinhamento de Texto 75
Theora 132, 133
Tipo de Midia Handheld 92
tipo print 82
tocador 141
Transformação de HTLM em um Gráfico de Barras 123
   Transformação 123
Transições de CSS3 234
Troca de Mensagens Através de Documentos 2
Troca de Mensagens entre Documentos (Cross-document Messaging) 179

U

Um Pouco de História 129

V

Validação de Formulário no Lado Cliente 246
   no Lado Cliente 246
   Validação 246
valor de transparência 168
   folha de estilo 168
   IE 168
vídeo 131, 141

formatos 131
Vídeo 131, 145, 146, 270, 272
  Acessibilidade 146
  Codificação de 270
  HTML5 145
  Limitações de 145
Video For Everybody 141
vídeos 272
Vorbis 269
Vorbis (OGG) 134
VP8 133
  VP8 133

W

WebGL 245
Web Sockets 219
WIA-ARIA 97
window.onpopstate 209

Z

Zencoder 270